AF242192

LA SOLUTION

DE LA

QUESTION DU TONKIN

AU POINT DE VUE DES INTÉRÊTS FRANÇAIS

PAR

P. DABRY DE THIERSANT

ANCIEN MINISTRE PLÉNIPOTENTIAIRE

PARIS

LIBRAIRIE LÉOPOLD CERF

13, RUE DE MÉDICIS, 13

—

1885

LA SOLUTION

DE LA

QUESTION DU TONKIN

DU MÊME AUTEUR :

Le Mahométisme en Chine et dans le Turkestan oriental.
2 vol. in-8°.

De l'origine des Indiens du Nouveau-Monde. In-8° illustré.

La Piété filiale en Chine, avec 25 vignettes chinoises.

La Pisciculture et la pêche en Chine.

L'Armée coloniale de l'Inde Néerlandaise.

LA SOLUTION

DE LA

QUESTION DU TONKIN

AU POINT DE VUE DES INTÉRÊTS FRANÇAIS

PAR

P. DABRY DE THIERSANT

ANCIEN MINISTRE PLÉNIPOTENTIAIRE

PARIS

LIBRAIRIE LÉOPOLD CERF

13, RUE DE MÉDICIS, 13

—

1885

LA SOLUTION DE LA QUESTION DU TONKIN

AU POINT DE VUE DES INTÉRÊTS FRANÇAIS

DE LA POLITIQUE COLONIALE

La France doit-elle continuer à avoir une politique coloniale, devons-nous abandonner ou essayer d'aménager nos nouvelles possessions de l'Indo-Chine? Telles sont les deux questions qui, dans ce moment, passionnent les esprits et préoccupent le pays.

Les uns, partisans de la politique coloniale, soutiennent que les colonies offrent un asile et du travail au surcroît de population des pays pauvres ou de ceux qui renferment trop d'habitants ; qu'elles ouvrent des débouchés aux classes libérales, aux victimes des crises économiques, aux esprits aventureux et maladifs qui se trouvent mal à l'aise chez eux ; qu'elles sont pour les pays riches des placements de capitaux des plus avantageux ; qu'elles activent et entretiennent l'industrie ; qu'elles servent à donner au commerce un grand essor ; qu'elles fournissent aux producteurs, aux consommateurs un accroissement de profits, de salaires, de jouissances ; qu'elles procurent à la marine des étapes pour la navigation, des abris solides, des rades d'approvisionnement, des ports de défense et d'attaque ; qu'elles contribuent à développer l'influence de la mère-patrie, en portant au loin sa langue, ses mœurs, son drapeau, son génie ; qu'elles sont utiles au point de vue humanitaire en répandant la civilisation parmi les races inférieures ; et que la France, puissance maritime et commerciale de premier ordre, loin de renoncer à cette politique traditionnelle et de songer à évacuer l'Indo-Chine, doit redoubler d'efforts pour assurer sur des bases solides le nouvel empire que nous devons à la vaillance de nos soldats.

Les adversaires de la politique coloniale prétendent de leur côté que les colonies, par leur acquisition, leur mise en valeur, leur entretien, leur garde, imposent aux métropoles des charges onéreuses qui grèvent le travail, diminuent le pouvoir d'achat du salaire, augmentent le prix de la fabrication, entravent la vente des produits, et que ces charges sont rarement compensées par les bénéfices que le commerce et l'industrie retirent de ces sortes d'entreprises financières ; que les colonies immobilisent dans des climats plus ou moins malsains, une partie des forces dont la nation peut avoir le besoin le plus urgent pour d'autres desseins ou pour sa défense ; qu'à un moment donné, comme des fruits mûrs, elles se détachent d'elles-mêmes de l'arbre qui les a nourries et formées ; que, si quelquefois elles servent à initier aux progrès de la civilisation des peuples encore sauvages, elles sont souvent cause de leur perte et de leur destruction ; qu'elles sont en général pour les métropoles une source de difficultés, de déconvenues, d'embarras et de préoccupations ; qu'il n'y a rien à faire pour nous dans l'Indo-Chine, rien à en tirer, si ce n'est plus tard une guerre avec la Chine, et, qu'en raison des temps troublés que nous traversons, nous ferons mieux de tout abandonner au plus tôt et, nous repliant sur nous-mêmes, de chercher chez nous ou à nos portes des débouchés moins dangereux et plus profitables.

Cette dernière opinion, nous le déclarons nettement, en dehors de tout esprit de parti, n'est pas la nôtre. D'abord elle est fausse en ce qui concerne nos nouveaux établissements ; ensuite, nous la considérons comme contraire à l'honneur et aux intérêts vitaux de notre pays. Nous sommes pour la politique de conservation du patrimoine national, et pour la continuation de la politique coloniale, non point de celle que nous avons suivie jusqu'à ce jour, mais de celle qui a fait la grandeur de l'Angleterre et, pendant un temps, la prospérité des Pays-Bas, tout en reconnaissant en même temps que nous étendre et entreprendre à nouveau serait aussi impolitique qu'imprudent. Notre domaine colonial, tel qu'il existe actuellement, est plus que suffisant, et au lieu de courir follement après d'autres conquêtes, nous ferons mille fois mieux de nous en tenir à nos possessions, de tâcher de tirer un meilleur parti des anciennes, et d'essayer d'aménager les nouvelles pour qu'elles nous coûtent le moins possible et rapportent le plus à notre commerce et à notre industrie.

Nous possédons : 1° comme colonies d'établissement, c'est-à-dire comme colonies d'émigration, héritage du passé : la Martinique, la Guadeloupe, la Réunion, Sainte-Marie de Madagascar, Saint-Pierre et Miquelon, et nos établissements de l'Inde ; 2° comme colonies d'occupation ou de cession, c'est-à-dire résultant d'une prise de possession pacifique ou d'un contrat : la Nouvelle-Calédonie, Taïti et ses dépendances, Mayotte, Nossi-Bé ; 3° comme colonies de conquête : l'Algérie, la Tunisie, la Cochinchine, le Sénégal, le Haut-Sénégal, le Cambodge, l'Annam et le Tonkin.

Toutes ces colonies occupent une superficie d'environ 950,000 kilomètres carrés et renferment une population de 25 à 26 millions d'habitants sur lesquels 5,644,758 appartiennent à nos anciens établissements, dont nous demanderons la permission de dire quelqués mots, avant de traiter de l'aménagement de nos nouvelles possessions de l'Indo-Chine, qui constitue le principal objet de ce travail.

I

NOS ANCIENNES COLONIES

Sept milliards et demi de frais qui, à 4 0/0, représentent un intérêt de 300 millions, auxquels il faut ajouter, chaque année, 95 ou 100 millions, la consommation de milliers de milliers de Français, soldats, marins, fonctionnaires, émigrants, etc. : voilà, en deux mots, ce que nous ont coûté jusqu'à présent nos colonies et ce qu'elles nous coûtent encore pour leur entretien et leur garde. Un mouvement commercial de 878,694,454 francs (1882), un trafic spécial direct avec la France de 650,856,461 dont 400,918,585 francs pour les importations des produits français et 249,937,876 pour les exportations des produits coloniaux : tel est leur rendement, tels sont les avantages que nous en retirons.

Ces résultats peuvent-ils être considérés comme satisfaisants et de nature à nous engager à continuer ? C'est ce que nous allons examiner aussi succinctement que possible.

Nos anciennes colonies peuvent se classer en trois groupes : 1° l'Algérie ; 2° la Cochinchine ; 3° tous les autres établissements.

L'Algérie qui est située à nos portes et que nous pouvons considérer comme un prolongement de la France, est, sans contredit, la plus précieuse de toutes nos possessions. Elle est tout à la fois une colonie de peuplement dont le sol peut être cultivé par l'Européen, une colonie agricole ou de plantation, et une colonie commerciale ou de débouchés.

Ce qu'elle nous a déjà coûté s'élève à plusieurs centaines de millions, et elle nous coûte encore de 45 à 50 millions chaque année pour l'entretien de l'armée d'occupation. Elle nous rapporte les profits d'un mouvement d'affaires qui, en 1882, a été de 561 millions dont 75 à 80 0/0 avec la France. 341 millions de produits français y ont été importés cette même année. En 1837, son mouvement commercial n'était que de 200 millions. Sa population, qui s'est accrue dans la même proportion, comprend d'après le dernier dénombrement 3,310,412 habitants dont 2,850,866 indigènes, 233,937 Français, 225,509 étrangers, parmi lesquels 70,000 sont nés sur les lieux.

De grands progrès ont donc été faits, et si les résultats ne sont pas aussi favorables que nous pouvions l'espérer, ils sont assez encourageants pour que nous redoublions d'efforts, afin de mener à bonne fin cette grande œuvre qui est pleine d'avenir. Mais, il ne faut pas nous le dissimuler, il nous reste encore beaucoup à faire pour assimiler et franciser cette population arabe, pour adoucir son fanatisme religieux, la fixer au sol, et en faire un peuple moins nomade, moins guerrier et plus agriculteur. Une grande partie des terres reste encore inculte parce que les bras et l'eau font défaut et que les voies de communication ne sont pas suffisantes. Le jour, où ces problèmes seront définitivement résolus, notre jeune France africaine retrouvera la prospérité dont elle a joui autrefois, colons et capitaux y afflueront, la tranquillité y sera maintenue plus facilement, et cette terre bénie qui, à l'abondance, unira la proximité de la métropole, l'excellence du climat, nous rendra largement ce que nous aurons fait pour elle. Elle ouvrira de nouveaux horizons à nos ouvriers dont le sort est si digne d'intérêt; les crises qui amènent avec elles le chômage et la misère pourront être conjurées, et la solution de la question sociale aura fait un grand pas.

Nous ne pouvons en dire malheureusement autant de nos autres colonies dont la population qui, en 1882, était de 2,673,528, ne tend qu'à diminuer, et qui nous coûtent encore annuellement plus de 41 millions, le budget des colonies en 1884 s'est élevé à 41,901,000 francs.

Leur commerce général a été, en 1882, de 297,674,554 francs dont 125,389,379 pour les importations et 172,295,175 pour les exportations. Dans ces chiffres l'importation de leurs produits en France compte pour 129,947,866 francs, et elles ont reçu pour 59,918,595 francs de marchandises françaises, de telle sorte qu'elles exportent plus de produits en France qu'elles n'importent de produits chez elles, autrement dit que, loin d'être des débouchés pour nos produits, elles nous envahissent de leurs marchandises. Ces résultats, avouons-le, sont loin d'être brillants quoi qu'en disent les optimistes qui prétendent qu'ils sont supérieurs à ceux qu'ont obtenus les Anglais, en s'appuyant sur ce fait que la consommation de nos produits dans nos colonies, par tête d'habitant, est plus considérable que la consommation des produits anglais dans les colonies anglaises par tête d'habitant. Il n'en est pas moins vrai que le commerce entre l'Angleterre et ses colonies est de 4 milliards 918,595 francs, tandis que le trafic entre la France et ses colonies n'est qu'une goutte d'eau dans le mouvement général de notre commerce.

Ce qui est plus grave, c'est qu'un certain nombre de ces colonies semblent être parvenues au maximum de leur rendement pendant que la plupart de leurs produits sont de plus en plus dépréciés sur les marchés étrangers. Leur utilité commerciale pour la métropole tend à diminuer d'année en année. Ainsi, en 1860, nous exportions à la Guadeloupe pour 18,800,000 francs. Nous n'y avons exporté, en 1882, que pour 12,694,291 francs;

pour la Martinique les exportations ont fléchi de 20,500,000 francs à 12,914,909 francs ; pour la Réunion, elles sont tombées de 25,800,000 francs à 8,391.923 francs. Ce n'est pas cependant la population qui manque dans ces trois colonies, on peut même dire qu'elles en sont surchargées ; seulement, la race blanche s'en éloigne peu à peu, tandis que que la race noire et surtout les métis augmentent et prennent plus d'importance. A la Martinique, à la Guadeloupe, les blancs purs ne se trouvent plus que dans le grand commerce, la banque et la grande propriété. La petite propriété passe graduellement entre les mains des métis qui possédaient déjà une portion considérable du petit commerce. Le jour où ces deux colonies auront supprimé l'immigration indienne qui seule, en ce moment, donne aux grands propriétaires des travailleurs assez peu coûteux, pour qu'ils puissent trouver des bénéfices dans la culture de leurs terres, celles-ci ne tarderont pas à être morcelées et à tomber dans les mains des métis qui, comme on le sait, sont assez rebelles au travail de la terre. On peut déjà prévoir le jour où la race blanche n'aura dans nos Antilles qu'une très minime importance, et où elle y sera remplacée dans toutes les fonctions sociales aussi bien que dans la possession des terres par les métis. Tant pis !

Ce sera un nouveau coup porté à ces trois malheureuses colonies qui, après avoir été épuisées par de longues guerres et la domination étrangère, ont dû traverser plusieurs crises économiques. — Frappées au cœur par l'abolition de l'esclavage, elles ont pu sauver leurs cultures, grâce à l'immigration ; mais le sucre, leur produit presque unique, est arrivé aujourd'hui sur les marchés européens à un prix qu'aucune législation douanière ne pourra rendre rémunérateur. — En outre, le fléau de l'insalubrité s'est appesanti sur l'une d'elles, sur la Réunion, et, depuis 1865, une fièvre intermittente, à caractère souvent pernicieux, décime la population, faisant dans tous ses rangs des vides douloureux qui ne se comblent plus... Y a-t-il un remède à un tel état de choses, et lequel ? Quelques personnes proposent de leur donner l'autonomie avec un gouvernement spécial « proper government » comme celui dont jouissent certaines colonies anglaises qui s'administrent elles-mêmes, et pourvoient, avec leurs recettes, aux dépenses du budget. — Nous ne croyons pas que cette mesure, si on considère la situation financière, politique, agricole et industrielle, et la tendance de la classe blanche à les quitter, soit une mesure favorable pour elles, et même possible. — Nous doutons, d'un autre côté, que si l'on revient au régime protecteur des produits français, conformément aux réclamations de l'industrie qui se plaint que les conseils généraux, en vertu des droits conférés par le Sénatus-Consulte du *4 juillet 1866,* aient supprimé les droits de douane, et frappé par leurs taxes d'octroi de mer les produits français, dans les mêmes mesures que les produits étrangers, nous doutons, disons-nous, que cette disposition modifie beaucoup la situation commerciale de la Métropole vis-à-vis de ces colonies.

En somme, il est peu probable que ces trois colonies acquièrent jamais une grande utilité pour la France au point de vue commercial, mais elles pourront toujours rendre des services à notre marine, et comme ce sont nos plus anciennes possessions, elles méritent qu'on fasse pour elles tout ce qu'il est humainement possible pour les aider à vivre et à progresser.

Notre colonie de la Guyane se trouve dans un état encore moins prospère. — Les statistiques permettent de constater la misère de cette immense contrée de 120,000 kilomètres de superficie. D'après le dernier recensement, sa population n'est plus que de 18,000 indigènes qui n'ont jamais pu être pliés à un travail régulier. Le commerce général, en 1882, a été de 5,535,927 fr., et son commerce spécial avec la France, de 6,071,263 fr. Les exportations n'ont pas dépassé 523,000 fr. — Cependant le sol est riche et apte à plus d'une culture. Mais pour en tirer parti, il faut des capitaux et des bras à bon marché, et ces bras seront difficiles à trouver, à moins qu'on n'y envoie les récidivistes.

Saint-Pierre et Miquelon, deux îlots perdus dans les brumes, derniers débris de nos possessions de l'Amérique du Nord, semblent prospérer. La population sédentaire qui, en 1863, était de 2,700 âmes, est aujourd'hui de 9,900. Le commerce général s'est élevé en 1882, à 24,772,124 fr., et le commerce spécial avec la France a été de 12,160,150, dont 3,195,310 pour les importations des produits français dans la colonie, et 8,964,840 pour les exportations de la colonie en France. — La somme des importations des produits indigènes en France dépasse encore celle de l'importation des produits français dans le pays.

Nos établissements du Sénégal étaient, il y a trente ans, dans un état insignifiant. Nous ne tenions du pays que ce qui était sous la bouche de nos canons. Outre l'île de Gorée, nous avions Saint-Louis et sa banlieue ; en remontant le fleuve, les trois petits forts de Richard-Toll, Dagana et Bakel, mais au delà de Bakel, aucun établissement sérieux, aucune influence. Dans la région dite des rivières du Sud, nous n'avions que Sedhiou sur la Cazamance. Dans le bassin inférieur du Sénégal, au-dessous de Bakel, aucun des petits États du pays de race Ouolote ou Peuhle, même ceux qui forment comme la banlieue de Saint-Louis, ne nous obéissaient. Sur la rive droite du Sénégal dominaient les Maures avec lesquels nous faisions un certain commerce, principalement celui des gommes qui était l'occasion, pour nos trafiquants, de vexations et d'avanies sans nombre. Tel était notre domaine dans cette région, où nos marins dieppois au xiv° siècle, ont peut-être précédé les Portugais et où Colbert nous avait établis. En 1854, le général Faidherbe, gouverneur de la colonie, reçut l'ordre du gouvernement d'inaugurer une politique d'expansion qui, toujours continuée depuis lors, nous a conduits sur le haut *Niger*. Aujourd'hui, la plupart des pays arrosés par le Sénégal et habités par des races différentes, telles que les Bambaras, les Sarakolets, les Peuhls, les Maures et les Ouolots, appartiennent complètement à la France ; d'autres sont placés sous notre protectorat, d'autres enfin sont indépendants, tout en entretenant avec nous des relations de bon voisinage et de commerce ; ces dernières sont généralement réglées par des traités. Les statistiques évaluent à 200,000 âmes la population habitant dans le rayon de nos villes et de nos postes ; quant à celui des indigènes du haut Sénégal et de ses affluents, il est inconnu. Nous avons donc fait de grands progrès depuis trente ans et la colonie est incontestablement en voie de prospérité ainsi que le constatent les chiffres suivants : de 1818 à 1823, notre colonie du Sénégal faisait en tout pour 2,300,000 francs d'affaires ; de 1834 à 1835, le chiffre s'élève à 17 millions ; en 1879, il dépasse 33 millions et, d'après la dernière statistique, il atteint 44,602,888 francs. En 1880, les exportations de France au Sénégal ont été de 7,846,000 francs, appartenant au commerce spécial et les importations de la colonie en France de 19,858,000 francs, commerce général, sur lesquels 19,783,000 francs restent au commerce spécial. Cette même année, les importations de marchandises étrangères dans la colonie ont été de 8,200,000 francs.

Les produits naturels de la colonie sont les gommes, le caoutchouc, les plumes de parure, les oiseaux vivants, les peaux, la cire, l'ivoire. Les produits du sol comprennent les arachides qui forment le principal article d'exportation, le sésame, l'huile et les amandes de palme.

En dehors du commerce du Sénégal se rapportant aux deux points de Saint-Louis et de Dackar, il faut compter celui des rivières du Sud : la Cazamance, le Rio-Nunez, le Rio-Pongo et la Mellacorée. Ce commerce peut être évalué à 8 ou 10 millions.

La politique de grande expansion, inaugurée au Sénégal depuis quatre ou cinq ans par le gouvernement de la république, la construction commencée du chemin de fer reliant le Sénégal au Niger, la marche du colonel Desbordes à Bammako, les voyages d'exploration entrepris dans ces derniers temps, ouvrent à notre colonie un brillant avenir. Il n'est pas téméraire de penser qu'avant peu d'années son commerce s'élèvera à 100 millions.

Toute la contrée appelée par Mage le Soudan occidental, est entrée en relations politiques avec nous ; les relations commerciales suivront bientôt, et il est permis d'espérer, par les renseignements que l'on possède sur ces contrées que l'on connaît aujourd'hui, que le commerce d'échange y prendra un assez grand développement. Les populations qui appartiennent à la race Maure et à la race Nègre sont denses sur certains points, et n'ont aucune industrie. Aussi recherchent-elles avec envie les premiers objets de traite que fabriquent les Européens, et donnent-elles pour se les procurer, les richesses de leur sol qui produit presque sans culture.

M. Joseph Thomson, représentant de l'*African trading company*, qui vient de parcourir ces contrées, parle dans les termes les plus favorables de la valeur du Niger comme route commerciale. « Tout le pays, dit-il, renferme une population très dense, non point de sauvages nus, mais de tribus mahométanes qui ont une passion pour les vêtements volumineux. Peuple extraordinaire qui emploie 5 yards d'étoffes pour des pantalons et autant pour un turban. » Suivant M. Robert Capper, le commerce du Niger qui, en 1870, était évalué à 7,500,000 francs, dépasse actuellement 50 millions de francs.

La France possède sur les côtes du golfe de Guinée des établissements politiques et commerciaux importants : Grand Bassam Dabou et Assinie. En outre, notre protectorat est établi sur un certain nombre de points de la Côte-d'Or, notamment à Porto-Nuevo.

Toute cette longue côte qui s'étend des frontières méridionales de la république de Libéria aux bouches du Niger, est extrêmement riche, fertile et couverte de factoreries françaises, anglaises et allemandes qui font un commerce important. En échange des produits européens : étoffe, poudre, armes, liqueurs, tabac, verroteries, les négociants obtiennent des arachides, de l'huile de palme, en quantités considérables, des bois de teinture, de l'ivoire, de l'or, de l'indigo, du coton, du café, du poivre. Les statistiques ne permettent pas encore de fixer d'une manière précise l'importance du commerce français à la côte de Guinée. Il se perd comme celui des rivières du sud, dans le tableau du commerce général de la France à la côte Occidentale d'Afrique. On dit qu'en 1880-81, les maisons françaises ont reçu, dans tous leurs comptoirs de la côte, 52 navires jaugeant environ 26,000 tonneaux. Le chiffre de leurs affaires aurait été durant ces douze mois d'environ 7 millions.

Nous possédons encore, en Afrique, le Gabon dont une partie du territoire, située sur la rive droite du fleuve de ce nom, nous fut cédée en 1842 par le chef Louis. En 1844, de nouveaux traités passés avec les chefs des deux rives ont assuré notre souveraineté sur toutes les terres, îles et presqu'îles qui sont formées par le fleuve et ses affluents. Cette possession a été complétée depuis par des cessions de territoires, consenties par les chefs de Sangatan, Isanbey, de la rivière d'Auger, etc.

L'estuaire du Gabon forme une magnifique rade qui peut fournir un abri sûr à bon nombre de navires. Il reçoit plusieurs rivières, dont les principales sont celles du Como et de Rambo. Au Nord, la rivière Monudah se jette dans la mer à 23 milles au-dessus du Gabon ; au Sud, l'Ogoway ou rivière Nazareth se jette également dans la mer un peu au-dessous du cap Hoper.

Le territoire du Gabon est peuplé par un grand nombre de tribus indépendantes dont quelques-unes sont anthropophages. La vie nomade que mènent les indigènes de cette contrée, ne permet pas d'évaluer le chiffre de leur population.

En 1882, la colonie Européenne comptait 108 Européens, dont 58 Français, parmi lesquels 34 missionnaires.

La France est bien placée au Gabon pour prendre le commerce d'une immense région de l'Afrique centrale. Par le grand fleuve de l'Ogoway, dont les peuplades riveraines reconnaissent aujourd'hui notre souveraineté, les négociants peuvent pénétrer au centre de l'Afrique. Depuis trois ans, le drapeau français flotte à Brazzaville. Nous sommes arrivés les premiers sur le Congo, fleuve immense qui, avec ses affluents, offre une voie navigable estimée par Stanley à 4,240 milles.

La direction des douanes du Gabon estime qu'en 1881, les exportations de la colonie se sont élevées à environ 7 millions, et les importations à 7 millions : total 14 millions, chiffre bien différent de celui de 1850 qui n'était que de 622,000 francs. Seulement ce qu'il est pénible de constater, c'est que la plus grande partie du commerce est aux mains des négociants étrangers ; et que ce sont en général les produits anglais et allemands qui trouvent des débouchés à la côte d'Afrique plus que les produits français. Les maisons françaises elles-mêmes vendent ces produits étrangers.

« Elles expliquent cet état de choses par des faits malheureusement incontestables. Dans les rivières du sud, sur la côte de Guinée, au Niger, au Gabon, sur la côte de Mozambique, il ne leur est pas possible de vendre aux indigènes des marchandises françaises, parce que les négociants étrangers, avec lesquels elles se trouvent partout en concurrence, apportent aux noirs des marchandises anglaises ou allemandes aussi appréciées et dont le prix de fabrication est moindre [1]. »

Les industriels français fabriquent mieux que les industriels étrangers, mais ils vendent plus cher, et les noirs ne s'arrêtent pas à la qualité, ils recherchent le bon marché.

C'est pourquoi les négociants français vont acheter à Manchester les cotons, les draps, les indiennes, les velours qu'ils vendront à la côte d'Afrique.

A cette situation déplorable pour l'industrie française, y a-t-il un remède ? Jusqu'ici il n'en a point été trouvé. Les chambres de commerce, à qui dernièrement le Ministère des colonies a transmis les échantillons et les prix de Manchester, n'essaient même pas de lutter. Le même fait se reproduit au Sénégal, quoique le commerce français y soit seul et le commerce étranger presque interdit. Et

---

[1] *Les Colonies françaises*, par Louis Vignon.

cependant en 1880, les négociants français y ont introduit pour environ 6 millions de marchandises étrangères, à côté de 8 millions de marchandises françaises. La France est en Afrique dans un état d'infériorité excessive. Les négociants, important en France de la côte occidentale, rivières du sud, golfe de Benin, Gabon, pour 32 millions de marchandises, doivent donner aux indigènes en échange pour 18 à 20 millions de produits européens ; sur ce chiffre, il y a pour 2 millions seulement de produits français.

Ce qui rend cette situation très grave, c'est que, si elle ne se modifie pas, elle s'étendra à la fin du siècle, dans une même proportion sur tout un monde grand comme trois ou quatre fois l'Europe. A la suite des explorateurs, les traitants avancent chaque jour de tous les points de la côte dans l'intérieur du noir continent, et partout ils portent aux indigènes les marchandises anglaises ou allemandes.

« Convient-il à la France de renoncer au commerce d'un continent peuplé de 300 à 400 millions d'hommes ? Il n'y a pas à dire, si la France veut prendre le commerce de l'Afrique, comme celui des provinces méridionales de la Chine, il faut que ses cotonnades puissent rivaliser avec les cotonnades anglaises. Si nous voulons consommer les produits de nos colonies africaines ou asiatiques, il faut leur fournir une contre valeur en échange. L'industrie et le commerce français doivent donc faire tous les efforts nécessaires pour rivaliser avec les étrangers, et pour surmonter une infériorité dont les causes ne sont point irrémédiables. »

La solution de cette question de la fabrication à bon marché sur laquelle nous reviendrons, est la base de toute politique coloniale. La possibilité de produire et d'offrir des marchandises, au même prix, ou à un prix plus bas que les autres pays, est le seul moyen de conserver un marché quelconque en Afrique ou en Asie. En attendant, nous devons nous féliciter des progrès que notre politique coloniale a faits dans cette partie du monde, et redoubler d'efforts, sans exagérer, dans notre esprit, les résultats que nous sommes appelés à en recueillir plus tard.

Les trois petites colonies, Sainte-Marie, Mayotte et Nossi-bé, qui nous appartiennent, outre la Réunion, dans l'Océan indien, comptent malheureusement trop peu pour qu'on s'y arrête.

Nos établissements de l'Inde, souvenir de glorieuses entreprises nationales, sont réduits aujourd'hui à cinq ports et à quelques *Loges*.

La population totale de ces établissements, en 1882, était de 271,568 habitants, sur lesquels *4,660* Européens. — Cette même année leur commerce général a été de 31,428,600 fr., et le commerce avec la France de 14,314,725 fr., dont 517,036 représentent l'exportation des produits français dans la colonie, et 13,797,689, les importations de la colonie en France. Ces établissements, composés de fractions de territoire isolées les unes des autres, et dont la superficie totale est de 49,622 hectares, sont trop limités pour avoir jamais une véritable influence sur le développement de notre commerce général.

La Nouvelle-Calédonie est une colonie agricole et d'exportation, dont le climat tempéré permet à l'Européen d'y cultiver le sol, qui représentant, comme superficie, près de trois départements français, est riche en ressources agricoles et minières. Nous avions lieu d'espérer qu'elle aurait pu devenir, en peu d'années, une colonie très prospère. Malheureusement, la colonisation libre n'y a pas plus réussi que la colonisation pénitentiaire qui aggrave la première.

En 1882, le commerce total de la colonie a été de 14,694,000 fr., sur lesquels le chiffre des importations des produits coloniaux en France compte pour 1,348,000 fr., et celui des importations des produits français dans la colonie pour 3,787,000 fr., dont la plus grande partie provient des envois importants faits par le ministre de la marine au service de la transportation. La population indigène, recensée en 1880, a donné un nombre de 43,331 habitants, dont 23,123 indigènes, *5,166* colons libres français ou étrangers, 6,500 transportés, 3,834 libérés, 3,411 fonctionnaires, soldats et surveillants, 2693 immigrants travailleurs libres.

La superficie de la Nouvelle-Calédonie est de 2,102,395 hectares, sur lesquels 235,777 ont été concédés, 42,760 forment des réserves pénitentiaires, 316,434 des réserves indigènes. Les terres à cultiver et à pâturage disponibles sont de 215,099 hectares. Les terres cultivables ne manquent donc pas, mais les capitaux français font défaut ainsi que les immigrants qui, soit à cause de l'éloignement de la colonie, soit à cause du pénitencier, ne s'y portent pas, malgré les avantages qui leur sont promis. Nous en sommes ainsi réduits à la colonisation pénitentiaire qui n'a donné que de mauvais résultats jusqu'à présent. On prévoit le moment peu éloigné où les produits de la culture dépasseront les besoins de la consommation locale sans pouvoir être exportés faute d'établissements industriels.

La France possède dans la Polynésie plusieurs archipels ou groupes d'îles dont la population en 1882 était de 25,257 habitants. Dans ce chiffre on compte *1,045* Français et 651 étrangers européens. Cette même année, le commerce général s'est élevé à 4,391,530 francs pour les importations et à 3,701,933 pour les exportations : total 8,093,463 francs.

En 1880, les exportations de la France pour la colonie comprennent 2,229,000 fr. et les importations en France 405,000 fr.

On espère que, dans un certain nombre d'années, lorsque le canal de Panama sera ouvert au commerce du monde, nos établissements en Océanie pourront nous être d'une plus grande utilité commerciale. C'est possible. Mais en attendant ce ne sont pas des débouchés pour notre commerce et d'un autre côté, il serait prématuré d'engager des immigrants de race européenne à s'y rendre même pour s'y livrer à la culture des terres, attendu que toutes les terres susceptibles d'être utilisées soit pour la culture, soit pour l'élevage du bétail, y sont possédées individuellement tant par les Européens que par les indigènes.

Nous voilà arrivés à la dernière de nos anciennes colonies, la Cochinchine, la colonie modèle comme on la désigne souvent.

La Cochinchine, dont la superficie est d'environ *60,000* kilom., carrés, renferme une population de 1,690,000 habitants, dont *1,885* Français, et *159* étrangers, 1.500,000 Annamites, 50,526 Chinois, *8,000* sauvages et le restant Tagals, Malais ou Malabars.

Après nous avoir coûté environ 294 millions, représentant un intérêt annuel à 4 0/0 de 11,360,000, elle est inscrite au budget de 1884 pour une somme de 7,884,767 et nous coûte, toutes déductions faites, encore annuellement 5 millions pour dépenses de souveraineté !

Son mouvement commercial général s'est élevé en 1884, et déduisant les métaux précieux, à la somme de 129,842,497 francs, tandis que son commerce avec la France n'a atteint que 9,642,060 francs, chiffre inférieur à celui de Saint-Pierre et Miquelon avec la métropole.

Les importations de la France en Cochinchine ont été, cette même année, de 8,318,290 francs, pendant que les étrangers y ont importé 48,202,001 francs. D'un autre côté, la Cochinchine a exporté en France 1.383,770 francs, et à l'étranger, 71,998,436 fr. Ces chiffres parlent d'eux-mêmes.

Si l'on passe ensuite au détail des marchandises importées et exportées, notre infériorité est encore plus écrasante.

Le riz absorbe à lui seul les 3/4 des exportations.

En 1884, sur 6,000,000 d'hectares que comprend la Cochinchine, la surface cultivée est de 838,294 hectares, dont 686,119 hectares de rizières qui ont produit, en 1882, 19,922,380 piculs (de 60 kilos), sur lesquels 6,075,810 représentant une valeur de 8,767,265 piastres ont été exportés. — En 1883, l'exportation s'est élevée à 8,648,243 piculs (522,500 tonneaux, représentant une valeur de 12,326,842 piastres ou 59,319,900 de francs. En dehors du riz qu'exporte la Cochinchine, il y a du poisson salé, de la graisse de porc, des médecines, des peaux d'animaux, du coton non égrené, etc., marchandises qui ne sont pas demandées en France, et qui sont consommées au contraire par la population de la Chine, des Indes Anglaises et des Indes Néerlandaises. L'exportation en France ne comporte qu'une certaine quantité de riz pour la fabrication des alcools, quantité variant suivant la production du riz en Chine, des bois de teinture, de la gomme gutte, un peu d'indigo, des déchets de soie, de la soie grège dont la quantité n'a pas dépassé, en 1883, 240 piculs de 60 kilos, quelques soieries, des peaux d'animaux, des textiles, et un peu de sucre brut, le tout en quantité très restreinte.

Quant aux importations françaises, elles consistent principalement en articles de Paris (valeur, en 1883, 18,222 piastres à 4 fr. 60 la p.). — Briques, carreaux et vitres (31,139 p.), drogueries (21,146 p.), farine de blé (35,836 p.), comestibles (77,000 p.), ciment (55,971 p.), charbon de terre (42,285 p.), librairie et papeterie (50,134 p.), lingerie et mercerie (23,587 p.), ferronnerie (210,000 p.), fer ouvré (342,700 p.), machine (130,000 p.), marchandises diverses (64 000 p.), parfumerie et savons (14,000 p.), tabacs (16,000 p.), tissus-*cotonnades* (2,120 p.), tissus divers (21,919 p.), verrerie (19,000 p.), vins et liqueurs (37,484,000 p.).

A côté de cela, l'Angleterre importe : cotonnades (1,767,979 p.), tissus divers (917,504 p.). vêtements et effets (13,811 p.), guinées (336,000 p.), métaux (75,000 p.), machines (130,000 p.) opium (146,230 p.), gambier (28,000 p.), etc., marchandises diverses (796,712 p.).

Les articles venant de Chine, sont le thé (838,213 p), les articles de Chine (36,000 p.), les comestibles (305,000 p.), les bois et bambous ouvrés (54,760 p.), les drogueries (155,000 p.), les soieries (825,632 p.), la librairie et la papeterie (452,406 p.), etc.

En résumé, les exportations se composent presque entièrement de riz, et sont dans les mains des Chinois qui ont accaparé la plus grande partie du commerce intérieur. Parmi les articles d'importation, les fers en barres viennent la plupart de Belgique, de même qu'un tiers des machines, de l'huile, etc. Les cotonnades, tissus, vêtements, guinées, opium, pétrole d'Amérique sont d'importation anglaise ; le thé, la droguerie, le papier, etc., sont fournis par la Chine. Notre lot à nous, c'est le *vin*, les liqueurs, la ferronnerie, le fer ouvré, les conserves et quelques autres marchandises de peu de valeur.

Quatre maisons de premier ordre, en dehors des Chinois, importent en Cochinchine les produits qui s'y consomment. A elles seules, elles suffisent à tous les besoins de l'Européen colonisateur. Une de ces maisons est française ; les autres sont allemande ou anglaise.

« Parcourez la rue de Catinat, disait dernièrement un journal de Saïgon, vous y compterez une demi-douzaine de magasins tenus par des femmes de fonctionnaires, et une fois autant de magasins de lingerie, nouveautés, ou de salons de coiffure. Ces maisons représentent le commerce de détail de la colonie. Elles ont à se partager une clientèle de 2,000 Européens, la seule qu'elles puissent avoir.

» Remarquez qu'il est fait abstraction des produits similaires tenus par les Chinois auxquels on s'adresse de préférence à cause de la modicité de leurs prix. Ils sont d'ailleurs aussi bien fournis, comme choix et qualité, que les commerçants avec lesquels ils luttent avantageusement.

» Donc le petit commerçant n'a d'assuré que sa vente aux

colons, et si l'on tient compte que les 9/10es de la population
blanche appartiennent à l'administration, ne possédant qu'un très
faible revenu, les traitements étant en partie inférieurs à la
somme nécessaire pour satisfaire les besoins de l'existence, l'intérêt étant en jeu, on se pourvoit chez les Chinois. Ainsi, sauf
deux ou trois de nos détaillants favorisés, les autres arrivent à
grand'peine à se tirer d'affaire. »

On peut juger, par ce qui précède, de la situation du commerce
en Cochinchine. Changera-t-elle ? « Il est à craindre que non,
» répond l'administration de la marine (Notices coloniales, 1885),
» elle est restée la même depuis que la Cochinchine trafique en
» sécurité. Il y a eu augmentation, mais non changement dans la
» nature du commerce. »

« Nous faisons du riz et rien que du riz. Les autres produits ne
» se sont pas développés. Il semblerait même que la main-d'œuvre
» agricole, rare d ailleurs dans le pays, ait abandonné les autres
» cultures pour se donner à la culture rizière qui depuis notre
» occupation, a quintuplé ! Le fait est que ni la culture du poivre,
» ni celle du coton ne se sont développées ; le coton a beaucoup
» diminué depuis quinze ans ; l'indigo n'a pas répondu aux efforts
» qu'ont faits les mêmes industriels pour le développer, et ainsi
» des autres produits de culture.

» Le riz restera longtemps encore notre principal, notre seul
» produit d'importance, mais *sa production n'augmentera que*
» *s'il nous vient des bras, car notre population est à peu près*
» *stationnaire, et de vastes espaces restent en friche qu'elle ne*
» *saurait utiliser.*

» Les industries indigènes, qui existent sur toute l'étendue du
» territoire, sont de peu d'importance. Il n'y en a pas une seule
» qui mérite qu'on s'y arrête.

» L'indigène est plus naturellement agriculteur, et l'industrie
» n'est pour lui qu'un accessoire. Il préfère faire fructifier le sol
» sans beaucoup de peine. Les Annamites n'ont pas de besoins et
» n'ont pas su s'en créer à cause du régime des Mandarins. »

« Les essais de grande industrie tentés par les Européens n'ont
» pas réussi la plupart. De 1870 jusqu'à 1874, une usine centrale
» essaya de se fonder dans la province de Bien-Hoa. Le but de
» cette usine était d'acheter et de manipuler les cannes plantées
» par les Annamites. Cette entreprise s'écroula par le mauvais
» vouloir des indigènes. »

« En 1875, une autre société, dite de la Nouvelle-Espérance,
» s'était fondée. Elle avait pour but de créer des plantations de
» cannes, et d'en exploiter les produits avec nos moyens perfec-
» tionnés, montés sur un pied restreint. Elle dut, à cause de l'a-
» pathie des indigènes, suspendre ses opérations faute de bras.
» Des tentatives de filature de soie ont été faites dès notre instal-
» lation dans la colonie. En ce moment, il n'existe qu'un dévidage

» avec nettoyage ; l'insuccès de ces établissements provient de
» l'apathie des indigènes. La plantation du mûrier, l'élevage des
» vers, leur étouffage, sont autant de manipulations auxquelles
» les Européens s'étaient livrés, et qu'ils ont abandonnées à cause
» de la cherté de la main-d'œuvre ; d'un autre côté, les indigènes
» refusent de vendre leurs récoltes dans des conditions accep-
» tables. »

« L'industrie de la scierie a également avorté, et cet avortement
provient de ce que l'administration a laissé vendre par les communes forestières leur droit de coupe à des Chinois qui, se tenant
en société, refusent de livrer les produits aux Européens. »

Voici maintenant, d'après ce document officiel, que nous trouvons trop pessimiste et trop peu encourageant, quel sera l'avenir
de la Cochinchine.

« L'avenir de la Cochinchine sera sans doute un avenir pros-
» père et calme, l'avenir d'un pays agricole qui ne peut connaître
» d'autres aléas que les différences annuelles de ses récoltes.
» Nous n'avons point ici de mines d'or pour attirer l'attention du
» monde, et nous donner le développement étonnant de quelques
» colonies. De plus, l'Européen vit mal, dans un pays aussi
» chaud ; il y reste un temps de sa vie que l'assainissement des
» centres peut allonger, il est vrai, mais il ne s'y fixe pas, n'a
» pas le temps, par conséquent, d'y créer de ces grandes indus-
» tries, et de ces grandes cultures, que la nature de notre pro-
» duction et de notre sol, permettrait peut-être. Nous ne pouvons
» donc prédire dans ce pays un avenir brillant à l'émigration
» européenne. »

« Les ressources qu'offre la Cochinchine aux Européens sont et
seront encore quelque temps fort restreintes. »

La situation de la Cochinchine peut se résumer ainsi : agriculture assez développée, mais limitée à la culture d'un article pauvre et ne pouvant prendre de l'extension faute de bras. Industries
locales, sans importance ; grande industrie, entravée par l'apathie
et le mauvais vouloir des indigènes ; commerce général assez
étendu, mais presque tout entier entre les mains des étrangers ;
commerce avec la France insignifiant. Ce qui nuira toujours à la
Cochinchine, c'est son climat.

Comme au Bengale et à Siam, il n'y a que deux saisons en Cochinchine : la saison des pluies pendant la mousson de S.-O. qui
règne d'avril à la fin d'octobre, et la saison sèche, pendant la
mousson de N.-E. qui règne du mois de novembre au commencement d'avril.

La température la plus basse de l'année à Saïgon est celle du
mois de décembre où le thermomètre descend jusqu'à 19 degrés
le matin. La moyenne dans le jour est de 27 degrés à l'ombre.

La basse Cochinchine, comme presque tous les pays interrot-
picaux, peut être considérée comme une contrée malsaine. La

mortalité dans l'armée, en France et en Algérie, est de 8,65 pour 1,000 ; pour l'infanterie de marine, elle est, en France, de 18,9 pour 1,000, à la Martinique, de 33,2 et à la Guadeloupe, de 34,5 pour 1,000. Au Sénégal de 140,6, à la Réunion de 20,9 à la Nouvelle-Calédonie, de 28,1 et en Cochinchine de 97 pour 1,000. Ces chiffres sont la moyenne de huit années, de 1873 à 1880.

Le climat de la Cochinchine, à cause de son atmosphère chaude, humide, énerve et fatigue très vite, et d'après le docteur Thorel, aucune localité n'est exempte de l'infection palustre qui ne disparaît que vers 1,500 mètres d'altitude. Maintenant on peut ajouter que si l'acclimatement des Européens n'y est jamais complet, même lorsqu'on a subi la transition climatérique, avec des précautions hygiéniques, le corps se soumet peu à peu aux influences dans lesquelles il est placé, et qu'en suivant un régime approprié au climat, et en se procurant le confort nécessaire, on peut tout aussi bien que les Anglais à Calcutta et les Hollandais à Batavia, y passer un certain temps sans courir trop de risques pour son existence ou pour sa santé.

Telle est, en résumé, la situation de nos anciennes colonies, situation dont nous n'avons pas le droit de nous enorgueillir, mais qui n'est pas de nature non plus à nous décourager; surtout si nous faisons la part des difficultés que nous y avons rencontrées et des trop nombreuses crises politiques que nous avons traversées depuis le petit nombre d'années que nous possédons les plus importantes d'entre elles.

Nous devons donc persévérer en redoublant d'efforts pour tâcher d'obtenir de meilleurs résultats.

Ce qui a retardé jusqu'à présent chez nous l'œuvre de la colonisation, c'est que nous n'en avons jamais compris l'utilité, que nous avons toujours sacrifié nos véritables intérêts à des idées fausses de philanthropie ou d'économie, que nous avons manqué d'esprit de méthode et de suite, et que nous avons constamment fait de la politique coloniale une politique d'aventures.

Ainsi nous avons pénétré dans l'Indo-Chine sans plan, sans avoir rien prévu. Guidés par le hasard, nous avons marché au jour le jour, entraînés malgré nous par les événements et, maintnant que nous sommes on peut dire arrivés au but, après avoir dépensé 500 millions et perdu plus de 10,000 hommes, maintenant que nous possédons un véritable empire, nous en sommes embarrassés, au point que le mot d'abandon s'entend partout, comme il a déjà été entendu à propos de l'Algérie et de la Cochinchine.

Abandonner nos nouvelles conquêtes serait, sachons-le bien, un aveu d'impuissance, une tache indélébile pour notre drapeau, un véritable suicide.

Nous sommes convaincu, au contraire, comme nous allons le démontrer, que jamais nous ne trouverons une meilleure occasion pour développer la grandeur et l'influence de la France, à la condition, bien entendu, que nous renoncerons à nos vieux et déplorables errements, et que nous appliquerons à nos nouveaux établissements un système de colonisation qui leur convient, comme les Anglais l'ont fait pour l'Inde et les Hollandais, il y a cinquante ans, pour Java.

II

NOS NOUVELLES POSSESSIONS DE L'INDO-CHINE

Nos nouvelles acquisitions ou plutôt conquêtes de l'Indo-Chine comprennent, comme on le sait : le Cambodge, l'Annam et le Tonkin qui, avec la basse Cochinchine, occupent une superficie d'environ 38 à 40 millions d'hectares habités par une population de 18 à 20 millions d'âmes. Ce sont de magnifiques et riches contrées, dont le sol, extrêmement fertile, renferme dans son sein des richesses minières incalculables, où la main-d'œuvre abonde, et qui, admirablement situées au point de vue commercial, sont appelées à un grand avenir sous une sage et habile impulsion.

Le Cambodge dont la superficie est d'environ 10 millions d'hectares, est encore *terra incognita*.

Les uns évaluent sa population à 500,000 habitants, les autres à 1,500,000 dont les 3/4 sont disséminés sur les bords du Mekhong, les seuls cultivés.

L'intérieur reste inculte faute de bras et de voies de communication. Les plateaux et les montagnes sont couverts de forêts.

Les principales productions sont le riz, le sucre, le tabac, le maïs, la cire, le coton, le cardamôme, etc.

Le mouvement général du commerce ne dépasse pas 12 millions de francs, la valeur des importations et celle des exportations se balançant à peu près. Dans ce chiffre, le poisson exporté entre pour 3 millions. Les autres exportations sont le coton égrené, le sucre de palmier, les haricots, les huiles, la cire, les bois de teinture, de construction, etc.

Les importations comprennent en première ligne : le sel, ensuite le sucre raffiné, l'opium, les poteries, le papier, les articles de Paris, le thé, les médecines chinoises, les tissus européens, des comestibles, etc., etc.

Le Cambodgien ne s'occupe ni de commerce, ni d'industrie. Aussi tout le commerce est-il dans les mains des Chinois, et les différents arts manuels, dans celles des Malais, Annamites et Chinois. La principale industrie est celle de la pêche.

Les industries nationales sont : la fabrication des nattes et des matelas, celle des éventails en plumes d'oiseaux, l'orfèvrerie et l'incrustation. Les montagnes renferment plusieurs mines dont quelques-unes ont reçu un commencement d'exploitation, qui n'a donné que d'assez mauvais résultats, soit par suite du manque de voies de communication, ou par l'indifférence et l'inertie du gouvernement cambodgien. Cependant le gîte de fer de Pnom-Penh est, dit-on, d'une très grande richesse.

La population européenne a été jusqu'à ce jour très restreinte au Cambodge, elle peut être évaluée présentement à 200 personnes.

Le Cambodge est un très fertile pays peu peuplé, sans voie de communication, offrant encore peu de ressources au commerce et à l'industrie, mais qui, par sa situation géographique et par ses richesses naturelles, nous sera de la plus grande utilité dans l'avenir.

La capitale Pnom-Penh est peuplée de 30 à 35,000 habitants. Elle est bâtie dans une position magnifique. Placée en face des quatre bras et du confluent du Mekhong supérieur, elle est, par sa situation géographique, un centre commercial de premier ordre, et nécessairement appelée à devenir bientôt, ainsi qu'on l'a dit, « le vaste port de transit des produits du Siam, de la Birmanie et de la grande vallée du Laos ».

Le goût des nouveautés est très vif chez le Cambodgien, et il se prêtera facilement à une transformation destinée à le tirer de l'état d'apathie et de misère dans lequel il est plongé. Comme ouvrier, il est préférable au Chinois et à l'Annamite, étant à la fois plus vigoureux, plus docile et plus honnête.

Le climat est à peu près le même que celui de la Cochinchine ; cependant la chaleur y est modérée par la grande humidité. Le thermomètre monte rarement au-dessus de 36 degrés centigrades, et il descend quelquefois à 16 degrés au-dessus de zéro. La température ordinaire varie entre 20 et 30°.

Pendant neuf mois de l'année, la chaleur diffère peu de celle de la Cochinchine, mais à partir du mois de novembre jusqu'au mois de février, la température descend à 17° et 18° et les nuits deviennent agréables.

L'Annam proprement dit est une immense bande de terre resserrée entre la mer et les montagnes, bornée par la basse Cochinchine et le Tonkin et dont la largeur ne dépasse pas une moyenne de 50 kilomètres. Sa suprématie s'étend sur une zone plus ou moins étendue et indéterminée, habitée par les sauvages.

Sa superficie est d'environ 50,000 kilomètres carrés, et sa population, suivant les uns, de 5 millions, suivant d'autres, de 3,500,000 habitants. Il est divisé en 9 provinces. C'est un pays encore peu connu, et dans lequel il n'y a, jusqu'à présent, aucune maison de commerce étrangère.

La principale production est le riz qui ne suffit pas à la subsistance de la population. Il pousse généralement dans les parties basses et humides et le long des cours d'eau, mais certaines espèces viennent également bien dans les terres plus élevées. D'immenses plaines qui pourraient produire cette céréale restent incultes, parce que les voies d'écoulement font défaut, parce que l'autorisation de cultiver une terre sans maître s'achète trop cher aux mandarins de la localité, parce que la vente du produit n'est pas assurée, l'exportation du riz n'étant autorisée que par exception. Les autres cultures rencontrent le même obstacle dans la mauvaise organisation de la propriété foncière ; néanmoins l'exportation de leur produit, n'étant pas absolument interdite, elles procurent un aliment un peu plus assuré et plus considérable au commerce.

Les produits des forêts descendent des montagnes habitées par les sauvages, et chez lesquels le commerce se fait par voie d'échange; le sel, l'étain en feuilles, les verroteries, les jarres en terre, les gongs sont les articles qu'ils affectionnent et qu'ils viennent chercher à Angké, sur la frontière, qu'ils ne doivent pas franchir. Ils y apportent de la résine, du tabac, du maïs, du riz. Les produits trop lourds, trop encombrants, tels que le fer, le coton, les bois ne franchissent pas la montagne.

A Angké, comme dans presque tout l'Annam, le commerce est dans les mains des Chinois dont les maisons de commerce, établies à Qui-Nhon, à Phu-Yen, à Tourane, ou dans les autres ports, y concentrent les marchandises de l'intérieur. Ils sont en relations constantes avec Saïgon, Singapour et surtout Hong-Kong. Ce sont encore les Chinois qui détiennent tous les monopoles affermés par le gouvernement. Ils achètent la justice aux mandarins ainsi que le droit à frapper de la fausse monnaie, d'armer les jonques et de faire de la piraterie.

On n'a pas de données statistiques sur le commerce de l'Annam ; mais il ne doit pas être considérable si l'on en juge par celui de Qui-Nhon, le port le plus important dans lequel les importations, en 1883, se sont élevées à 860,530 francs et les exportations à 1,201,575 : total, 2,062,105 francs.

Les importations comprennent des cotonnades anglaises, du coton filé, du papier chinois, des médecines, du vieux cuivre, du papier, des couleurs minérales, etc.

Parmi les principales marchandises exportées, on compte l'huile et les tourteaux d'arachide, la soie, le vermicelle, les haricots secs, le sucre et le sel. Les arachides, la canne à sucre, l'indigo, l'arec, le bétel, le mûrier, le tabac, le thé, l'ortie de chêne viennent très bien dans l'Annam, et donneraient d'abondants produits, si ce riche et malheureux pays possédait le moindre outillage économique. Les diverses industries ne sont pas dans une meilleure situation que les cultures. Les mêmes raisons économiques empêchent les unes ou les autres de naître ou de se développer.

L'industrie de la pêche était autrefois très florissante sur les côtes ; elle se meurt du même mal que le cabotage : le défaut de sécurité.

Les exigences du fisc ont tué l'industrie minière. Il y a, dit-on, des mines de houille et de métaux divers qui ne sont pas exploitées, ou qui ont été abandonnées, parce que le produit était absorbé par l'impôt.

Il n'y a pas de routes provinciales dans l'Annam, pas de routes de chef-lieu à chef-lieu. Tout se réduit à la route royale qui, partant de Hué, aboutit au Tonkin et à laquelle viennent se souder les voies rurales.

L'Annam n'est pas mieux pourvu de moyens d'échange. Les seules monnaies sont des sapèques de zinc et de cuivre et la piastre mexicaine que le commerce a adoptée pour son usage.

L'Annam est un pays pauvre, mais nullement improductif, comme on l'a trop souvent représenté, seulement, il est évident qu'il y aura beaucoup à faire pour le mettre en valeur, tirer parti de ses ressources et améliorer la situation de ses habitants. « Plus de la moitié du sol cultivable de la province de Hué, dit M. Dutreuil de Rhins, qui a visité ce pays, est inculte. L'Annamite, abruti par la servitude, s'est fait à la misère. Pourvu qu'il ait son riz, son tabac, l'arec et le bétel, qu'il cultive dans son jardin, il est content. Le commerce extérieur ayant été interdit depuis 1874, il n'avait donc aucun intérêt à faire des cultures riches dont les produits passaient aussitôt dans les mains des mandarins, aussi durs, aussi rapaces qu'ils sont lâches ou rampants avec leur empereur. En industrie, de même, les artisans ne font que le strict nécessaire de la consommation qui les environne. »

Son climat vaut mieux que celui de la Cochinchine. L'altitude des montagnes étant de 800 à 1,000 mètres, on y jouit d'un hiver qui permet de réparer ses forces ; il tient de la Cochinchine ses pluies diluviennes prolongées qui durent trois mois ; il n'y a pas de saison exclusivement sèche, il pleut chaque mois le reste de l'année.

La température oscille entre 11° et 36°.

Les chaleurs de l'été sont accablantes ; n'étant pas tempérées par les pluies, elles sont, malgré des brises de l'est, plus pénibles qu'à Saïgon. Les orages sont excessivement violents et l'atmosphère, à une tension électrique énorme, est parfois véritablement étouffante.

L'hiver, quoique peu rigoureux, est souvent très sensible à cause des variations brusques de température et d'humidité ; les courants d'air sont pénétrants.

Il nous reste à parler de la situation économique du Tonkin.

C'est un grand et magnifique pays dont la superficie est d'environ 16 à 17 millions d'hectares et qui est habité par une population estimée, par les uns, à 10, à 12 millions et, par les missionnaires, à 18 millions d'habitants, parmi lesquels on compte des Tonkinois purs ou mélangés avec des Chinois, des Muongs (3 ou 400,000), des Tho, des Quan, etc. Le nombre des chrétiens est de 437,000, administrés par 62 prêtres européens, 41 français, 21 espagnols, et 222 prêtres indigènes. Le nombre des Européens ne dépasse pas 500.

Le Delta, le pays où l'on mange comme on l'a désigné, forme un trapèze dont la grande base aurait 125 kilomètres, la petite 80 et la hauteur environ 125 ; il comprend une surface d'environ 1,200,000 hectares dont 1,000,000 sont consacrés à la culture du riz et 200,000 aux cultures diverses, ou occupés par les habitations, chemins, cours d'eau, etc. Le sol de cette région est d'une fertilité extraordinaire. On y fait deux récoltes de riz par an, moins abondante chacune, il est vrai, que la récolte unique de la basse Cochinchine, mais d'un produit total notablement supérieur. Seulement la quantité produite fournit peu à l'exportation ; la population du pays suffit presque à son absorption dans les années moyennes ; dans les cas rares d'une succession de deux ou trois mauvaises années, la disette peut se faire sentir.

L'exportation, depuis le traité de 1874, a été autorisée plusieurs fois pendant des périodes de trois à quatre mois ; mais les moyens de transport dans l'intérieur du pays sont si insuffisants qu'il a été chaque fois matériellement impossible d'en exporter plus de 300,000 piculs.

Le rendement moyen annuel d'un hectare de rizières à Java, comme dans l'Indo-Chine, varie de 27 à 31 piculs de riz, suivant la terre et la culture.

La consommation de riz par tête d'habitant est, d'après les calculs que nous avons faits pour l'Inde Néerlandaise de 3 piculs $\frac{2}{10}$ par an.

La superficie des rizières au Tonkin étant d'environ un million d'hectares dans le delta et 150,000 hectares en dehors du delta, total 1,150,000 hectares ; la production du riz se trouve ainsi, à 29 piculs par hectare de rendement, de 33,350,000 piculs. En admettant que la population soit de 10 à 11 millions d'habitants, au minimum, on voit qu'il reste peu de piculs pour l'exportation.

Il ne faut donc pas que notre commerce au Tonkin fonde d'avance de grandes espérances de spéculation sur l'exportation de cette denrée, à moins que la culture n'en soit considérablement augmentée.

Le delta ne produit pas seulement du riz ; on y trouve tous les produits des tropiques, qui sont, en très grande partie, consommés dans le pays. En outre, la plupart des produits européens y viennent très bien.

Maintenant, on serait dans l'erreur si l'on croyait qu'en dehors du delta, dans « le pays où l'on ne mange pas » le sol fût stérile ou improductif : « Lorsqu'on sort du delta, a dit dernièrement un

» voyageur qui vient de parcourir ces contrées, l'aspect du pays
» change ainsi que les habitudes des habitants. Les communica-
» tions sont moins bien assurées, la navigation devient difficile,
» les routes sont moins bien tracées, le pays, couvert de forêts et
» de broussailles, est moins bien cultivé. Cependant le terrain y
» est fertile et il suffirait dans certains endroits d'opérer des dé-
» frichements pour obtenir des champs de culture facile. J'ai re-
» marqué sur les bords de la rivière Noire et de la rivière Claire
» des berges de 6 à 8 m. de haut, formées entièrement de terres
» meubles. Dans les gorges des montagnes et le long des rivières,
» on retrouve quelques-unes des cultures du delta, mais sur les
» plateaux, et sur les pentes, on cultive plus particulièrement le
» riz de montagne, le maïs, le tabac, les légumineuses. »

Le Tonkin est donc très riche en ressources agricoles, et, si jusqu'à présent, elles n'ont pas pris un plus grand développement,
c'est la faute non point du sol, mais des habitants et surtout du
régime sous lequel ils vivent depuis tant d'années.

Si l'on fait attention que les guerres civiles ont longtemps ra-
vagé le pays, que le peuple a été toujours opprimé, pressuré par
les mandarins de Hué, pillé par les pirates et les bandits annamites et chinois, que notre arrivée n'a fait qu'augmenter ses
souffrances, on comprendra pourquoi il est pauvre, pourquoi ses
voies de communication sont en mauvais état, pourquoi son agriculture et son industrie n'ont pas fait de progrès, enfin pourquoi
son commerce est si peu considérable.

En 1880, époque à laquelle le mouvement commercial a atteint
le plus haut chiffre, il n'a pas dépassé 13 millions de francs ; en
1881, il est descendu à 10,000,000 ; en 1882 à 10,600,000, et en
1883 à 8 879,812. Si l'on ajoute aux 13 millions de l'année 1880
25 0/0 pour la fausse déclaration des marchandises en douane,
2 millions de francs de numéraire importé, 1 ou 2 millions pour la
contrebande sur les soies, le riz et l'opium, on arrive à un total de
20 millions. D'un autre côté, il faut remarquer que, sur ces 13 millions, le riz, qui, comme nous l'avons dit, ne peut être exporté
qu'exceptionnellement à cause de la petite quantité produite par
rapport à la population, compte pour 2,744,940 fr.

Les importations entrent dans ce mouvement pour 5,467,315 fr.25
et les exportations pour 7,507,528 fr. 26.

L'importation se détaille de la manière suivante :

Cotons anglais filés ou tissus...	34 0/0	de la valeur totale.
Opium (anglais)..............	21 0/0	—
Médecines chinoises	11 0/0	—
Tabac chinois préparé........	9 0/0	—
Thé......................	5 0/0	—
Marchandises diverses	20 0/0	—

80 0/0, comme on le voit, du commerce d'importation est fait par la Chine et par l'Angleterre dont la part est représentée sur 5,467,315 fr. par 3,758,525 fr. 20 0/0 ou 684,600 fr. sont partagés entre la France, l'Allemagne, l'Amérique, l'Espagne et la Suède. On peut donc dire que jusqu'à présent l'importation de nos produits français au Tonkin a été sans importance aucune.

L'exportation comprend, en dehors du riz, la soie grège, l'étain, les porcs vivants, le coton égréné, le sucre, l'huile à laquer, le cunao, etc., toutes marchandises à destination de l'Extrême-Orient ou de l'Inde, et dont le commerce est entre les mains des Chinois.

Si nous examinons ensuite le commerce de transit entre le Tonkin et les provinces chinoises limitrophes, nous trouvons qu'en 1880, d'après le rapport de M. de Kergaradec, notre consul à Haï-Phong, le mouvement commercial avec le Yunnan (il n'est pas question du Kouang-si et du Kouangtong) n'a pas dépassé 2,529,000 fr. dont 1,369,000 pour les exportations et 2,160,000 pour les importations.

Les marchandises exportées sont : du sel, du tabac préparé, des poissons conservés, du coton brut (produits du Tonkin), du coton filé, des tissus de coton, lainages, poivre (produits anglais), des drogues, du papier (produits chinois), du bois de santal, des noix d'arec (produits annamites), des allumettes suédoises, un peu de mercerie et de quincaillerie (produits français). Les marchandises européennes entrent dans cet ensemble pour 350,000 fr. environ ; la mercerie et la quincaillerie française, pour 17,000 fr.

Les marchandises du Yun-nan importées au Tonkin dans la même période sont : de l'étain (1,600,000 fr.) dont quelques milliers de kilogrammes sont consommés au Tonkin, et le reste envoyé en Chine ; opium (450,000 fr.) consommé au Tonkin, thé (60,000 fr.) consommé au Tonkin, drogues (20,000 fr.), cunao (300,000 fr.) expédiés en Chine.

Il semble, dit M. de Kergaradec, dans son rapport qui mérite d'être lu en entier, qu'on se soit exagéré non pas les ressources naturelles du Yun-nan, mais le mouvement commercial auquel elles pourraient actuellement donner lieu. En effet, le commerce du cuivre est monopolisé par l'État, et l'exportation de Mang-Hao se borne à l'étain, à l'opium et au thé, l'étain comptant pour la plus forte partie. — Or, la production annuelle de ce métal représente certainement une valeur inférieure à 3,000,000 de fr., et la moitié est exportée au Sze-tchuen. La route du fleuve Rouge une fois ouverte, la totalité de l'étain passera probablement par cette voie, mais dans ce cas même le chiffre des exportations n'atteindrait pas cinq millions. Si l'on suppose que le Yun-nan échange une quantité égale de marchandises, on n'arrivera, en somme, qu'à un mouvement annuel de dix millions. »

En somme, la situation actuelle du commerce général du Tonkin est loin d'être brillante. — Quant à celle du commerce européen, voici ce qu'en disent les « Notices coloniales » (document officiel) : « A part quatre maisons, dont une allemande, qui sont établies au Tonkin, depuis plusieurs années, les commerçants de Haïphong et d'Hanoï en sont encore à la période d'études. Chacun est arrivé avec de grands ou de petits projets, mais l'état de guerre, l'incertitude du lendemain, le peu de sécurité de l'intérieur en ont empêché jusqu'à ce jour, la réalisation. Le mouvement d'affaires est donc très restreint, il n'y a guère que le commerce des liquides et des objets de consommation qui montre un peu d'activité en raison de la présence du corps expéditionnaire.

» Le commerce, on peut le dire, a été jusqu'ici, dans ces régions, monopolisé par les Chinois agissant soit pour leur propre compte, soit pour celui des maisons de Hong-Kong. — Le petit commerce et le détail se font par les femmes indigènes qui achètent en petite quantité les produits du pays aux gens de l'intérieur, pour les revendre aux Chinois avec lesquels elles traitent directement. — D'autres fois, elles vendent, à la commission, des chargements de barques. Toutes ces transactions se font au comptant.

» Le Tonkin n'est pas une nouvelle Californie, comme beaucoup de personnes se l'imaginent encore, mais *ce n'est pas non plus un pays sans ressources.* »

« Il ne faut pas venir ici avec l'espoir d'y faire une fortune rapide, on se préparerait de grandes déceptions ; il faut y arriver avec l'idée de s'y établir pendant plusieurs années et de travailler avec persévérance à l'œuvre qu'on entreprendra. »

« Il y a certainement à faire pour les chercheurs laborieux et qui disposent de capitaux. »

« Il n'existe encore au Tonkin aucune industrie européenne, si ce n'est une fabrique de glace artificielle et une blanchisserie de linge qui vient de s'installer à Hanoï pour le blanchissage du linge de troupes. »

« Les industries locales sont encore très arriérées. Elles comprennent la fabrication des étoffes de sac, du papier, du sucre, de l'alcool de riz, des tissus de coton, de l'indigo, de la laine, de la poterie, tous les procédés employés sont très primitifs. — On trouve des fonderies de bronze, de lingots d'argent, de sapèques ; les incrustations et les broderies sont des industries spéciales au Tonkin. L'orfèvrerie est assez bien faite. »

« L'industrie minière est rudimentaire. »

« Le Tonkin renferme une grande variété de minéraux, du fer, du cuivre, de l'or, de l'argent, des mines de soufre, de nitre et de charbon, qui s'étendent sur de vastes espaces, sur lesquelles malheureusement on n'a encore pu obtenir que des renseignements de médiocre valeur, excepté ceux qu'a donnés M. Fuchs sur les gisements houillers du delta. Il y a eu au Tonkin une centaine de mines exploitées; à notre arrivée, 53 étaient encore affermées par le gouvernement annamite qui en percevait un revenu en nature — le reste d'un maigre revenu, ne payait pas de redevance. — Presque toutes ces mines étaient exploitées par des Chinois; il est possible que nous trouvions au Tonkin de très grandes richesses minières, mais la question a été trop peu étudiée pour qu'on puisse rien formuler à cet égard. »

« Il en est de même pour ce qui concerne les richesses forestières du Tonkin, tout ce que l'on sait, c'est que la zone des forêts couvre une superficie considérable et que, dans la grande forêt où nous n'avons pas encore pénétré, on trouve les bois les plus précieux pour la construction, l'ébénisterie, la teinture, etc. »

Le climat du Tonkin est meilleur que ceux de la Cochinchine, du Cambodge et de l'Annam. La moyenne de la mortalité, d'après le docteur Maget (*Climat et valeur sanitaire du Tonkin,* 1881), y est de 1/15 ou 66 pour 1,000. — « Pendant deux années, dit-il, le climat est admirablement supporté, l'économie conserve assez de ressort pour se remettre en hiver des fatigues de l'été; un plus long séjour exposerait certainement et pour le moins aux maladies du foie. — Cependant le séjour pourrait, sans grand danger, l'intérêt entrant en ligne, être porté à quatre années; mais j'indique ce terme comme limite à la prudence. »

« Il n'y a au Tonkin ni saison des pluies, ni saison sèche proprement dite, ce qui le caractérise et le différencie des pays tropicaux, c'est qu'il jouit d'un véritable hiver, comportant une température froide et réconfortante. — L'hiver commence en novembre et finit en mars. — La moyenne de la température est, pendant cette période, de 19°2. La plus basse température, qui a lieu en janvier, est de 8°. — Avril offre quelque analogie avec la saison d'automne. La moyenne est de 22°. L'été, qui règne de mai à octobre, est excessivement chaud, humide et fatigant; la température s'élève alors jusqu'à 36°, et se maintient pendant des jours entiers entre 32 et 34°. La moyenne de ces cinq mois est de 28°. Celle de juillet et août, 28°,8 et 28°,9. »

« La température la plus basse se produit alors au lever du soleil, et la plus élevée de 1 h. à 2 h. du soir; il est impossible à l'Européen, pendant cette période, de se livrer à aucune opération sérieuse; c'est une transpiration et un accablement constants. — En octobre on a de véritables journées d'automne. — La moyenne de la température, dans ce mois, est de 25°,8. »

« La moyenne annuelle est de 23°,9 ».

« Là comme à Hong-Kong, Macao et Canton, l'hépatite et la dysenterie forment la dominante pathologique. — Pas de diarrhée endémique. Le choléra, endémique dans le pays, donne une poussée chaque année au début de la saison chaude, poussée plus ou moins vigoureuse, qui revêt, dit-on, la forme endémo-épidémique par période de quatre ou cinq années. »

» La variole se montre généralement à l'état épidémique au mois de mars et d'avril chez les indigènes. — En hiver, quelques bronchites et diarrhées à forme catharrale légère. — Les affections du foie, la dysenterie, les insolations et les accès graves se montrent pendant l'été.

» Les plaies insignifiantes, de simples écorchures, des piqûres de moustiques, même en hiver, dégénèrent aisément en plaies annamites fort longues à guérir.

» Une particularité très remarquable, c'est l'absence presque complète de la Malaria. — Pas plus de paludisme ici qu'au Cap et qu'en Australie, pays qui, quoique plus élevés en latitude, ont certaines analogies de climat avec le Tonkin... » (Dr Maget.)

Les parties les plus élevées, les montagnes, passent pour moins saines que les plaines, soit à cause des forêts dont elles sont couvertes en grande partie, soit à cause des mines de toute espèce et de l'eau qui, en général, est très mauvaise. Le peuple annamite et l's tonkinois les redoutent beaucoup, surtout pendant le printemps et l'été. — A cette époque de l'année, les sauvages eux-mêmes sont pris par la fièvre et s'ils ne succombent pas, ils sont du moins condamnés à l'inaction pendant plusieurs semaines. — En beaucoup d'endroits, plus ou moins malsains, on rencontre parmi ces sauvages beaucoup de gens affligés de goîtres hideux ou de pieds monstrueux provenant de l'éléphantias s.

Cette question de l'insalubrité des montagnes est digne de toute l'attention de nos savants.

Jusqu'à présent, nous n'avons examiné le Tonkin qu'au point de vue de ses propres ressources, mais il a également une grande valeur par ses débouchés avec les provinces méridionales de la Chine, le Yun-nan, le Kouéi-tcheou, le Sze-tchuen, le Kouang-si et avec le Laos. Nous demanderons donc la permission de dire quelques mots de ces pays. Les Chinois ne semblent pas plus avancés que nous sur ce qu'est réellement le Yun-nan. Quand on demande à un mandarin ou à un lettré d'une autre province, ce qu'il en pense, il répond invariablement : le Yun-nan est une province très riche en or, en cuivre blanc, et en pierres précieuses. Elle est très loin, le voyageur qui veut y pénétrer mange l'amer (Tche-kou). C'est un pays malsain dans certaines parties, où il fait frais en été et dont les habitants parlent la langue chinoise dans toute sa pureté.

Si d'un autre côté, vous consultez les descriptions européennes, elles vous apprennent que le Yun-nan réunit à lui seul tous les climats et nourrit, sur une superficie de 300,000 kilomètres carrés, une population estimée par les uns à 5 millions, par d'autres à 12 millions, que cette population composée en grande partie de mahométans et d'aborigènes a été ruinée par la guerre civile, que son sol renferme des ressources minières sans nombre, et que le jour où ces ressources seront exploitées, il s'opérera en Chine une transformation économique dont l'Europe sera la première à profiter.

Dans tous ces renseignements, il y a du vrai et du faux. Le Yun-nan forme un immense haut plateau, très accidenté, avec plusieurs chaînes de montagnes courant du nord au sud et dont l'altitude varie de 3,000 à 5,000 mètres dans le nord et de 1,500 à 2,500 au sud. De ces montagnes coulent le Mei-kong, la Salouen, le Song-koï, etc. La partie septentrionale de la province est pauvre, stérile, d'un aspect sauvage, très montueuse et peu habitée ; cependant il y a quelques vallées assez fertiles. La population, fort disséminée, vit principalement de maïs, il n'y a ni commerce, ni industrie. Les voies de communication sont très mauvaises. Le Yun-nan oriental est également montagneux, stérile et peu cultivé. La population y est rare et aussi pauvre que dans le nord. Le sud et l'ouest sont différents. Les chaînes de montagnes qui, dans le nord, dépassent la ligne des neiges, s'abaissent peu à peu vers le sud, et font place à des plateaux et à des plaines ondulées plus ou moins larges, riches et assez peuplées. Le nombre des villes et des villages y est plus considérable. La population dans toute la province est environ de 12 millions d'habitants, et dans le sud et l'ouest de 8 millions, dont le plus grand nombre sont des mahométans. Les habitants des campagnes sont la plupart aborigènes.

Le climat du sud est plus salubre et plus tempéré que dans le nord où les brumes et les brouillards, qui s'élèvent des cours d'eau, engendrent des maladies considérées comme pestilentielles. Dans les plaines, les principales productions sont le riz, le maïs, les haricots, le tabac et le sucre. On y récolte la plupart des fruits d'Europe, et les collines sont émaillées de roses, de rhododendrons, de camélias, etc. Le tiers de la surface du sol est consacré à la culture du pavot. L'opium qu'on en tire est consommé dans le pays ou exporté dans les provinces voisines. En somme, les ressources agricoles du Yun-nan sont très restreintes, tandis que le sol renferme dans son sein les minéraux les plus précieux : du cuivre, de l'étain, du fer, de l'argent, de l'or, de la calamine, du mercure, du plomb, du zinc, plusieurs variétés de pierres précieuses, telles que rubis, topaze, saphir, du cristal de roche, du marbre, du salpêtre, de la soude, etc., et tout cela de manière à en fournir au monde entier. — Eh bien, malgré ces richesses incalculables, la province est très pauvre, parce qu'elles ne sont pas exploitées la plupart, un peu par suite des préjugés chinois et beaucoup à cause du manque de voies de communication, soit entre les différentes parties de la province, soit avec les pays voisins.

Tous les transports se font à dos de bêtes de somme dont le prix de location est de 2 fr. 10 cent. par jour pour 60 kilogrammes de charge. On comprend que dans de telles conditions, les distances à parcourir étant très longues, le commerce soit entièrement paralysé.

Les principales voies de communication du Yun-nan sont les suivantes :

1° Une route de la capitale à Tali, 15 jours de marche, jusqu'à Bhamo, 19 jours de marche à travers un pays accidenté, coupé de ravins profonds et très malsains et peu peuplé. Une deuxième route conduit de Tali au Sze-tchuen à travers Ping-Tchuen, Kouei-Li, etc., et aboutit à Sui-tcheou-fou après 40 jours de marche. Une autre route relie la capitale de la province à Sui-tcheou-fou (Sze-tchuen) située à 170 lieues, ce qui demande 22 ou 23 journées de marche. Ajoutons à cela que la voie la plus courte de Sui-tcheou-fou à Chang-haï, par le Yang-tsee-Kiang, demande 70 ou 75 jours de navigation. Ce qui met le Sze-tchuen à 75 jours de Chang-haï et le Yun-nan à 92 ou 93 jours de cette même ville.

Une autre route conduit de la capitale du Yun-nan au Laos indépendant ; on compte jusqu'à Kiang-hong 18 jours de marche, et jusqu'à Kiang-tong, 25. De là on peut se rendre à Luang-Prabang par le Mekhong et au Tonkin dans la province de Tanhoa qui est, dit-on, à 15 ou 20 jours de Luang-Prabang. Les deux routes du sud sont celles du Sy-kiang et du Song-koi.

Par la première, on peut se rendre à Canton ou à Pa-koi. En remontant le Sy-Kiang, de Canton, il faut 40 à 50 jours de navigation jusqu'à Pai-sse-ting, où l'on est obligé de prendre la voie de terre qui conduit en 18 à 20 jours à Mong-tsee-hien et de là on en compte au moins 25 jusqu'à Yun-nan-fou. Le voyage prend ainsi en tout un peu plus de trois mois. Pour aller de Pakoi à Yun-nan-fou, il faut un peu moins, environ deux mois et demi.

La dernière voie de communication du Yun-nan est celle qui relie Mang-hao à Yun-nan-fou (10 jours de marche, 70 lieues environ). Les bateaux pour remonter le fleuve Rouge jusqu'à Mang-hao mettent de 15 à 20 jours, en tout 35 jours de la mer à la capitale, tandis que par les autres voies, il faut de 95 à 100 jours. Le Song-koi, comme on le sait, offre d'assez grandes difficultés à la navigation surtout de Lao-kay à Mang-hao. Mais cette voie pourra toujours être utilisée, et sera encore la meilleure jusqu'à ce que nous ayons construit une voie ferrée qui, partant de Kouangyen, longera le pied des collines, et suivant le cours du Song-Koï passera près de Bacnnin, à travers Tainguyen, Tui-yen-Kouan' et jusqu'à Mang-hao, avec embranchement sur Hanouï. De Mang-hao, elle pourra être prolongée jusqu'à Yun-nan-fou et de là au Sze-tchuen, si le gouvernement chinois veut bien en autoriser la construction, en même temps que l'exploitation des mines du Yun-nan, les plus riches du globe.

Le Sze-tchuen est une des plus riches provinces de la Chine et une des plus peuplées. Sa population est évaluée à 40 ou 50 millions. — Vous ne voyez jamais un homme mal vêtu au Sze-tchuen, dit un proverbe chinois. — Cette province, dans l'opinion publique, signifie abondance. Elle produit de la soie, de la cire, du tabac, du grass-cloth, du thé, etc... On peut donc juger du développement que prendra le commerce le jour où les mines du Yun-nan seront ouvertes, et que cette province sera reliée au Sze-tchuen par une bonne voie de communication. — Or, quelques efforts que fassent les Anglais, la plus grande partie de ce commerce doit nous revenir forcément, la distance entre le Yun-nan et la mer, par le Tonkin, étant considérablement plus courte que par toute autre voie, et nous trouvant établis solidement à la porte du Yun-nan. Voilà ce que notre commerce et notre industrie ne doivent pas perdre de vue, tout en se disant que ce grand mouvement, qui peut se produire très prochainement, attendra peut-être encore de nombreuses années avant de nous procurer les avantages que nous avons lieu d'en espérer. — C'est à nous à l'avancer par une politique habile et sage.

Notre établissement du Tonkin nous permettra également de nouer des relations commerciales avec le Kouei-tcheou, le Kouang-si et le Laos septentrional.

Le Kouei-tcheou est une pauvre contrée sous le rapport agricole, mais sa population est assez nombreuse, et son sol renferme du charbon, du fer, du mercure et du cuivre — On y trouve en grande quantité des arbres à suif. — Les voies de communication y font presque partout défaut. — Pour se rendre de la capitale Kouei-yang-fou, à la capitale du Yun-nan, il faut vingt-un ou vingt-deux jours de marche, et au Sze-tchuen, quinze jours de marche.

Le Kouang-si vaut mieux, c'est aussi une province montagneuse, aride, peu peuplée et dont les parties cultivables, situées sur les bords des rivières sont assez restreintes. — Il y a, dit-on, des mines inexploitées d'argent, de mercure et de cuivre. Les communications sont très difficiles. — Le Kouang-si a toujours été un foyer d'insurrection ; c'est là que sont partis les Tai-pings. — Le commerce est peu important. — Quelques métaux, plomb, étain, acier, fer, mercure, un peu d'opium, venant du Yun-nan, par Kai-hoa, Pe-tsay, vont à Nan-ming, et de là à Pakoi.

Le Laos est encore peu connu. — Mais entre Luang-Prabang, Kianghong et le Tonkin, il y a eu de tout temps un mouvement commercial assez considérable. C'est à nous à le développer, de même que dans toute la vallée de la rive gauche du Mekhong, dont nous possédons l'embouchure et qui ne peut relever que de nous. Francis Garnier a signalé l'importance du royaume de Luang-Prabang, au point de vue des intérêts français. « Ce royaume, dit-il, se trouve le centre laotien le plus considérable de toute l'Indo-Chine, le lieu de refuge et le point d'appui de toutes les populations de l'intérieur qui veulent fuir le despotisme des Siamois et des Birmans. C'est à Luang-Prabang que doivent s'arrêter les progrès de l'influence anglaise, si nous voulons tenir la balance égale et occuper dans la péninsule le rang que les intérêts de notre politique et de notre commerce nous invitent à y prendre. La France ne peut pas abdiquer le côté moral et civilisateur qui lui incombe dans cette émancipation graduelle des populations si intéressantes de l'Indo-Chine. Il serait facile de faire comprendre au roi de Luang-Prabang que nous pourrions un jour nous substituer aux droits exercés dans la principauté par la cour de Hué, devenue aujourd'hui notre vassale, et qu'il devrait dès à présent s'appuyer sur l'influence française pour résister aux prétentions des pays voisins, et faire cesser cette fatigante recherche d'équilibre qu'il s'efforce de maintenir entre elles. »

« Il serait facile de lui faire comprendre que, de notre côté seulement, son indépendance ne court aucun danger, et que son rôle politique peut grandir. Trop éloigné de nous pour avoir jamais à craindre une sujétion directe qui n'est point d'ailleurs nécessaire à la réalisation de nos vues, il pourrait refléter, pour ainsi dire, notre puissance et remplacer tant de gênantes tutelles par une protection efficace et sans exigences. Nous ne lui demanderions en effet que de favoriser le développement du commerce, vers la partie méridionale, de nous aider à faire disparaître les entraves fiscales, d'améliorer les routes dans la direction du Tonkin, etc. »

Nous bornerons là cet aperçu de la situation agricole, commerciale, industrielle et climatérique de nos nouvelles possessions de l'Indo-Chine qui, on peut le dire, en résumé, sans être des pays neufs, sont encore peu avancées.

L'agriculture y est limitée à la culture du riz. La petite industrie est dans l'enfance, et la grande industrie nulle. La population est nombreuse, mais très pauvre et sans besoins. Les indigènes produisent eux-mêmes ce qui leur est nécessaire. Ils se nourrissent de riz et de poissons, s'abreuvent d'eau-de-vie de riz et de décoctions de thé, logent dans une hutte en bambou ou en chaume, s'habillent d'une étoffe de cotonnade ou de soie qu'ils fabriquent ; en un mot, ils vivent au jour le jour, sans luxe, sans envie, sans ambition ; par conséquent, nous ne pouvons espérer avant longtemps d'avoir avec eux un grand commerce. Nos riches étoffes, notre bijouterie, nos meubles, nos vins, nos spiritueux sont encore sans emploi pour eux.

Ajoutons à cela que nos agriculteurs ne pourront cultiver le sol de l'Indo-Chine, à cause de son climat tropical, qu'il n'y a pas de place pour nos ouvriers, attendu que la population indigène y est très dense, laborieuse et intelligente, pouvant se procurer du superflu avec un salaire inférieur à celui indispensable au Français pour obtenir le nécessaire. Enfin, nos détaillants ne pourront jamais ravir le petit commerce aux Chinois. Mais c'est à nous que reviennent le grand commerce, la grande industrie et la grande culture. Le sol, partout d'une fertilité extraordinaire, produit de la soie, du thé, du coton, du riz, etc., dont nous avons besoin, et renferme dans son sein des richesses minières incalculables ; la population est nombreuse, très bien douée, facilement assimilable ; la main-d'œuvre est abondante et à bon marché, et on doit supposer que quand les habitants de ce pays seront arrivés au même degré d'aisance que les Cochinchinois dont ils ont les goûts, les mœurs et le caractère, ils prendront les denrées et les objets fabriqués que consomment ces derniers, en quantités non pas égales, mais proportionnelles au chiffre de la population. Or, en Cochinchine, la consommation des produits étrangers est arrivée à 30 francs par tête d'habitant. Ce sera donc, pour toutes nos possessions, une consommation de plus de 500 millions. Il en sera de même pour les exportations et le mouvement général du commerce qui, dépassant 100 millions en Cochinchine, atteindra pour tous nos établissements plus d'un milliard et demi, dont la plus grande part de profits reviendra à la France, si elle sait protéger ses intérêts contre la concurrence étrangère.

Alors, non seulement nos nouvelles possessions, comme la Cochinchine, se suffiront à elles-mêmes, mais pourront verser dans les caisses du Trésor une subvention annuelle dont le montant servira à compenser peu à peu les frais d'acquisition et de premier établissement, jusqu'au jour où l'excédent des recettes devra être appliqué au développement du bien-être des habitants de la colonie.

La Cochinchine a mis vingt-quatre ans pour parvenir à ce résultat ; vingt-quatre ans, ce n'est pas trop si l'on songe que soixante ans après la fondation de l'empire britannique dans l'Inde, le commerce de la Grande-Bretagne avec cette dépendance n'était pas plus avancé, suivant Mac-Cullogh, que celui qu'elle avait avec Jersey, et que les Hollandais ont travaillé pendant cinquante ans pour faire de Java une colonie de rendement et de production.

Mais ce chiffre de vingt-quatre ans peut être considérablement diminué, si nous appliquons à notre nouvel empire le système d'organisation et d'aménagement qui lui convient.

III

SYSTÈMES DE COLONISATION

Parmi les systèmes de colonisation qui ont donné les meilleurs résultats vient, en première ligne, celui auquel l'Angleterre doit l'avantage de posséder aujourd'hui un empire colonial dont la superficie est égale *au septième de la surface* du globe et qui est habité par une population de plus de *deux cent soixante-douze millions d'âmes.*

L'Inde seule, dont la superficie est de 1,472,423 milles carrés, renferme une population de 256 millions d'habitants, dont 89,000 Anglais.

Veut-on savoir maintenant ce que cet empire colossal rapporte à la métropole ?

Le commerce général de toutes les colonies anglaises, en 1882, s'est élevé à 8,438,125,000 fr. et le trafic entre les colonies et la métropole à 4,804,212,250 fr., dont 2,485,772,425 à l'importation et 2,318,440,425 fr. à l'exportation.

Le commerce de l'Inde a atteint à lui seul, 3,300,000,000 fr., les importations des marchandises anglaises entrent dans cette somme pour 706,475,000 fr. En outre, toutes ces colonies ne coûtent annuellement à la Grande-Bretagne que 50 millions, ce qui fait pour la métropole une dépense de 18 centimes par tête, tandis que pour la France la même dépense monte à plus de 15 francs.

Les Anglais pourraient même supprimer cette dépense de 50 millions, et obliger leurs colonies à augmenter les revenus de la mère – patrie. Mais ils n'ont pas oublié que c'est une malheureuse tentative de ce genre qui a amené la sécession des États-Unis. Afin d'écarter à l'avenir toute chance d'un désastre semblable, ils ont résolument abandonné la prétention de faire contribuer leurs colonies à quoi que ce soit, si ce n'est aux frais que nécessitent leur propre gouvernement, leur défense et leur sécurité.

Les seuls points noirs dans ce tableau merveilleux sont : le montant de la dette coloniale qui est de plus de 7 milliards et demi, la difficulté de garder des possessions aussi étendues et le peu de prospérité dont jouissent la plupart de leurs habitants indigènes.

Quoi qu'il en soit, nous ne pouvons nier que le système de colonisation qui a produit de pareils résultats vaut mieux que celui que nous avons suivi, si toutefois on peut lui donner le nom de système. Opposé complètement à nos idées économiques, le système anglais est basé sur le monopole et l'association des capitaux.

Les Anglais sont convaincus, avec raison, qu'attendre des forces individuelles l'agglomération du capital nécessaire à la mise en culture de fertiles territoires, ou au fonctionnement d'établissements industriels, c'est reporter à des époques d'un avenir lointain et incertain l'exploitation de ses ressources.

Ce n'est que par l'association des capitaux qu'on peut parvenir à augmenter rapidement la production d'un pays, à améliorer le bien-être de ses habitants, et à leur procurer les moyens de développer dans le plus court délai leurs richesses agricoles et industrielles.

Si les Français, disait le *Times*, le 18 septembre 1383, veulent tirer parti de l'Annam, il n'y a pour eux que deux moyens : argent et monopole : « How are the french going to extract any benefit from a such condition of affairs in Annam ; there is only a way and that is money and monopoly. » L'expérience a prouvé qu'ils ont raison.

Sans la compagnie des Indes, fondée en 1600, sous le règne d'Elisabeth, et sans le monopole dont elle a joui pendant tant d'années, l'Inde ne serait pas ce qu'elle est aujourd'hui, c'est-à-dire le plus beau fleuron de la couronne impériale d'Angleterre. Cette entreprise, la plus vaste qui ait jamais été conçue, a été préparée de la manière la plus simple, mais la plus ingénieuse.

La Grande-Bretagne a reconnu en principe que la base de toute colonisation était qu'il fallait avant tout être maître du marché de la colonie, en produisant les articles demandés par la colonie au même prix ou à meilleur marché que les autres pays, et que la possibilité d'offrir des marchandises à un prix comparativement bas était le seul moyen pour conserver un marché quelconque. C'est par ce moyen qu'elle a gardé, jusque dans ces derniers temps sur les marchés des Etats-Unis d'Amérique, la même supériorité que lorsque ce pays était sous sa dépendance. C'est ainsi également que les marchés du monde entier sont inondés des produits de ses manufactures, que nos négociants achètent pour vendre en Afrique ou en Asie.

Le rôle du gouvernement s'est borné à couvrir de sa haute protection des sortes d'entrepreneurs coloniaux organisés en Société, et auxquels, par des *Royal Charters,* furent octroyés des privilèges, tels que ceux d'administrer le pays à leur façon, de se charger des frais de premier établissement, de le mettre en valeur, et de l'exploiter à leurs risques et périls. Leurs pouvoirs étaient presque absolus ; ils avaient leur armée, leur gouvernement, leur budget, et le monopole du commerce. Admirablement organisée et soutenue par son gouvernement, cette compagnie est parvenue à l'emporter, grâce à la faiblesse de Louis XV, sur la compagnie française, sa rivale, avec laquelle elle était entrée en lutte ouverte, en 1746, et après être restée seule maîtresse du terrain, est arrivée peu à peu à créer ce magnifique empire qui n'a pas de rival dans le monde. Puis quand son œuvre fut achevée, le gouvernement anglais profita de l'insurrection de 1857 pour reprendre en mains la direction des affaires, en déclarant que l'*East India company,* aux glorieuses annales, avait bien mérité du pays.

Ce système dont nous avons déjà fait l'essai dans l'Inde sans en comprendre l'utilité et les avantages, renferme en lui un grand défaut, c'est qu'en tolérant trop d'abus dans le principe, et par son mode de gouvernement direct des indigènes, il engendre la haine et rend la situation difficile et dangereuse pour les conquérants. Qu'arriverait-il, si la guerre éclatait entre la Russie et l'Angleterre ? Il est à craindre que ces 256 millions de sujets qui ne sont pas heureux, et qui aspirent à leur liberté, ne profitent de l'occasion pour tâcher de recouvrer leur autonomie. Ce système, en outre, est inapplicable dans un pays républicain, comme le nôtre.

Un autre système a été employé dans la Nouvelle-Zélande. Les Anglais ont fait de la colonisation de cette possession une véritable opération financière. Les capitaux de premier établissement ont été demandés à l'emprunt. En 1878, les frais s'élevaient à *1,000* francs par tête, européens et indigènes compris. Les débuts ont été pénibles, guerres contre les indigènes, défrichements, etc. Aujourd'hui, sans que la métropole s'en soit occupée, tout est fini, et le mouvement commercial de cette colonie est de *800* francs par tête, tandis qu'en France, il n'est que 250 francs seulement. C'est la terre du monde où l'homme jouit de plus de bien-être et de liberté. La colonie s'administre elle-même, elle a, comme toutes les possessions anglaises en Australie, son gouvernement responsable, et jouit d'une véritable autonomie.

Ce système est excellent, mais il n'est pas applicable à des colonies de protectorat ou en voie d'aménagement ; en second lieu, en admettant que nous prononcions bientôt l'annexion du Cambodge, de l'Annam et du Tonkin, nous doutons que ces établissements trouvent à faire un emprunt en France ou à l'étranger, à moins que le gouvernement ne garantisse l'intérêt et le remboursement des sommes demandées.

Il est un autre système que nous appellerons le système hollandais, dont le mérite revient en grande partie au général Van den Bosch, et qui a produit des résultats extraordinaires jusqu'au jour où la métropole, fatiguée d'en tirer trop de profits, a cru devoir en changer les bases. Il a quadruplé les revenus de l'Inde Néerlandaise, éteint la dette publique, remplacé les déficits antérieurs par des excédents de recette, s'élevant jusqu'à 60 millions. Il a quadruplé le commerce, amélioré l'administration, réduit le nombre des crimes et des procès, répandu la paix, l'abondance, la sécurité dans la population, concilié les intérêts des Européens et des indigènes, et, chose plus admirable, a quintuplé une population orientale, et fait aimer à 27 millions de mahométans la domination des conquérants étrangers.

Le premier soin du général Van den Bosch, fut d'organiser le pays en concentrant tous les pouvoirs dans les mains du gouverneur général, chef suprême de la colonie, assisté d'un conseil, et en mettant l'administration civile sur un pied suffisant pour assurer non seulement le maintien de l'ordre et la bonne distribution de la justice, mais encore pour obtenir une surveillance active sur les travaux agricoles. Tous les services furent distribués en vue de la répartition rapide du pouvoir, de la ponctuelle exécution des contrats, de la protection de tous les intérêts, en vue surtout d'attirer la confiance des cultivateurs et de toute la population.

Le gouvernement du peuple, par l'intermédiaire de ses chefs, sous le contrôle des employés européens, fut considéré comme la clef de voûte du bien-être général, et comme le meilleur moyen pour établir des relations aussi cordiales que possible entre les deux races.

Le prestige des Hollandais s'est ainsi maintenu sans qu'ils prennent une part directe au gouvernement du peuple, autrement que par leurs conseils ou leur appui. L'administration étant confiée aux chefs indigènes, on peut par ce moyen satisfaire leur ambition naturelle du pouvoir, et utiliser leur influence nécessaire, en la dirigeant dans des voies légitimes.

Dans l'Inde Anglaise, les Européens gouvernent directement, seulement les ordres sont exécutés par des agents indigènes. Dans l'Inde Néerlandaise, le régent, le premier des fonctionnaires indigènes de chaque province doit exécuter les ordres que lui donne le résident, premier fonctionnaire hollandais, mais le régent et les employés sous ses ordres sont seuls chargés de l'administration de la régence. Le régent a, en outre, la possibilité de référer au gouvernement central des instructions qui lui sont données par le résident et qui n'ont pas son assentiment ou celui de son conseil, le *Landraad*.

Il en résulte que les instructions et les ordres, qui émanent du régent et de ses conseillers, leur sont attribués beaucoup plus qu'au gouvernement hollandais. La faculté de congédier les employés indigènes sans être obligé de leur faire un procès, facilité que le gouvernement hollandais s'est réservée, mais dont il use rarement, suffit pour empêcher les employés de nuire aux intérêts publics par leur mauvaise volonté ou par leurs caprices, et permet de faire gouverner une population irritable et vindicative par ses propres chefs, sans exciter chez elle d'animosité contre les dominateurs étrangers.

L'organisation de l'armée chargée du maintien de l'ordre et de la défense du territoire, est tout aussi remarquable et digne de notre attention.

Il eût été difficile, sinon impossible, à la Hollande d'envoyer et d'entretenir à une pareille distance 30,000 hommes de l'armée royale. La difficulté a été tournée par l'enrôlement des indigènes et d'Européens de tous pays, et par la formation de corps coloniaux comprenant les deux éléments mélangés. Tous sont recrutés en Hollande ou à l'étranger au moyen d'engagements et rengagements volontaires avec primes et hautes-paies.

Les deux éléments ne forment pas de corps séparés, ils sont en général mêlés ensemble dans les mêmes bataillons, escadrons ou batteries, il n'y a pas de régiment proprement dit. Dans l'infanterie, par exemple, les bataillons de campagne, au nombre de 18, comprennent chacun 4 compagnies, le 1er bataillon est composé exclusivement d'Européens. Dans les sept suivants, l'élément européen domine, tandis que dans les dix autres bataillons, c'est l'élément indigène qui l'emporte ; la proportion de l'élément indigène dans l'infanterie par rapport à l'élément européen est de 3 à 1. Cette formation par bataillons et compagnies d'Européens et d'indigènes, séparés dans le même bataillon, commandés par des officiers européens et par des sous-officiers et caporaux européens ou indigènes, est excellente, et convient parfaitement à une colonie telle que l'Inde Néerlandaise, dont l'étendue de territoire et la dissémination de la population rendent difficiles l'approvisionnement et le déplacement des grandes masses. L'armée possède en outre, par ce système, une plus grande force de cohésion. Les compagnies d'Européens constituent un centre de résistance contre toute attaque imprévue et en même temps un corps de réserve pour les actions ordinaires.

On peut dire que tous les rouages de chaque arme, de chaque service fonctionnent bien, que cette organisation est celle qui convient le mieux au pays, et que cette petite armée coloniale réunit les deux premières conditions que recherchent les hommes de guerre : la solidité et la mobilité. Elle présente de plus l'avantage de pouvoir utiliser des éléments qui, laissés à eux-mêmes, deviendraient dangereux et qu'il est nécessaire de surveiller constamment. Enfin, considération qui n'est point à dédaigner, son entretien est moins dispendieux que celui de toute autre armée coloniale, par suite de la diminution des transports qui coûtent si cher [1].

Le général Van den Bosch, après avoir organisé l'administration du pays au point de vue civil et militaire, s'occupa de le mettre en valeur et inventa le système des cultures qui porte son nom et qui devait devenir une immense source de bénéfices pour la mère patrie. Son système était basé sur deux principes ; le premier était : que, d'après les anciennes institutions javanaises, la terre appartient au seigneur et qu'il a le droit d'exiger une certaine redevance des occupants, tel que le cinquième des produits du sol et une journée de travail sur sept, pour répondre de leurs engagements au souverain et s'assurer sa protection. — Le deuxième principe était : que la terre appartenant à son légitime propriétaire, celui-ci avait le droit d'exiger de son tenancier qu'il fît suivant la nature des terrains, les cultures qui lui étaient désignées et que le tenancier ne pourrait vendre les récoltes cultivées pour le propriétaire et à ses frais.

Le général Van den Bosch dit alors aux indigènes : « Pour subvenir à vos besoins, vous ne cultivez que du riz, article pauvre

---

[1] *L'Armée coloniale de l'Inde Néerlandaise*, par P. Dabry de Thiersant. Librairie Baudoin et Cie, Paris.

par excellence, et vous devez en abandonner le cinquième au gouvernement, ainsi qu'un jour de travail sur cinq, — je vous propose de garder ce cinquième de votre récolte et de réduire le jour de travail à un sur sept.

Mais laissez-moi disposer du cinquième, non pas de votre récolte, mais de votre terrain. Vous y cultiverez les produits que je vous indiquerai et qui ne vous coûteront pas plus de travail que le riz. Vous serez, de plus, exemptés de la taxe foncière et si la valeur du produit que vous me fournirez, dépasse le montant de cette taxe, je vous en indemniserai. — Voyez donc quels avantages je vous offre ! Vous aurez les 4/5 de votre récolte, de plus, vous toucherez une indemnité et vous serez affranchis d'un impôt vexatoire. — Si, au contraire, vous voulez conserver la disposition de votre terrain, vous en êtes libres, mais alors vous paierez la taxe, etc.

Ces principes une fois adoptés, il restait à les appliquer ; pour cela il fallait de l'argent. Le général Van den Bosch tourna la difficulté en s'adressant à la compagnie Neerlandsche-Handel-Maatschapij, établie à Amsterdam, depuis 1824, et qui fut heureuse d'avancer au gouvernement soixante-quinze millions de francs, moyennant un intérêt annuel de 4 1/2 pour cent, garanti par l'État. En retour de ces avances, la compagnie fut nommée le seul agent du gouvernement pour acheter et importer dans Java tous les articles d'approvisionnement du gouvernement, et pour exporter de Java et les vendre en Hollande, les produits qu'il retirait du sol. Les avances de la Compagnie étaient en compte courant, remboursables sur les revenus du système de culture et furent remboursées en quelques années.

Ces soixante-quinze millions de francs permirent au gouvernement de faire des avances de fonds, sans intérêt, à des entrepreneurs chargés de la mise en valeur de terres domaniales, dont les bénéfices des produits étaient partagés entre l'État, l'entrepreneur et les cultivateurs, dans une proportion qui laissait la plus large part au cultivateur et à l'entrepreneur, celle de l'État restant encore fort belle, indépendamment de tous les avantages qu'il retirait de la prospérité de la colonie.

Il y eut ainsi profit pour le paysan, profit tel que le produit du cinquième de ses terres cultivées, par exemple, en cannes était, égal à celui qu'il retirait des $\frac{4}{5}$ cultivés en riz. Il y eut profit pour l'entrepreneur assez considérable pour provoquer et encourager les entreprises privées, profit pour les fonctionnaires dont un certain prélèvement sur les produits de la récolte servait à stimuler leur zèle et leur activité. Enfin, profit pour tous les habitants, comme garantie d'un meilleur mode de culture.

L'amélioration du bien-être de la population et l'accroissement des ressources des contribuables destiné à augmenter le montant de l'impôt, furent les conséquences naturelles de ce système qui, en enrichissant la métropole, contribua à la prospérité de la colonie.

Les deux principales cultures riches, qui furent essayées sur une grande échelle, furent celles du sucre et du café.

Partout où une usine s'établit avec les avances du gouvernement, les villages voisins devaient lui fournir, à une certaine époque, prête à être coupée et manipulée, une récolte provenant du cinquième des terres cultivées par les paysans sous la direction du chef du village. Cette récolte. payée par l'entrepreneur à un prix fixé d'avance par un contrat libre, servait à la fabrication du sucre qui était livré au gouvernement sous certaines conditions déterminées. Le sucre était ensuite envoyé en Hollande où il était vendu aux enchères.

La culture du café était différente. Chaque chef de famille établi sur les terres de la couronne était tenu de cultiver, en dehors de ses occupations habituelles, un certain nombre de pieds de café et d'en livrer le produit au gouvernement, qui le payait à un prix au-dessous du cours du marché, et l'expédiait ensuite en Hollande pour être vendu.

Lorsque ce système de culture eut été établi dans les différentes parties de la colonie, au moyen des avances faites par le gouvernement, et que les fortunes considérables réalisées par les entrepreneurs, eurent donné l'éveil à l'initiative privée, le gouvernement encouragea des planteurs indépendants à s'établir sur les terres de la couronne, dans les districts où le système de culture n'avait pas été introduit. Malheureusement, les résultats de cette expérience ne furent pas, dans le principe, aussi avantageux qu'on l'aurait supposé. On reconnut que le concours des employés du gouvernement était de la plus grande utilité, auprès de la population indigène. qui avait besoin, même dans son propre intérêt, de recevoir constamment des conseils persuasifs et donnés avec autorité.

Bref, le système de culture fut, jusqu'en 1850, époque à laquelle il commença à être battu en brèche et modifié une immense source de bénéfices pour la Hollande et pour les Indes Néerlandaises ainsi que le constatent les chiffres suivants[1] :

En 1816, la population était de 4,615,270. Les recettes du budget, de 15,750,000 francs, les dépenses, de 189,000,000 de francs. — En 1832, la population était de 6,500,000, le mouvement commercial, de 90 millions, les recettes de 63 millions, et les dépenses, de 73,500,000 francs.

En 1850, la population était montée à 9,384,100. le mouvement commercial à 300 millions, les recettes, à 190 millions, et les dé-

---

[1] Les personnes qui voudront se rendre mieux compte de l'admirable système du général Van den Bosch n'ont qu'à lire l'ouvrage extrêmement intéressant, intitulé *Java or How to Manage a colony*, par J.-W. Money.

penses, à 136 millions, de telle sorte qu'il y a eu cette année un excédent de recettes de 54,000,000 de francs.

En 1858, l'excédent de recettes est de 58 millions, et le mouvement commercial de 370 millions. — En 1879, le mouvement commercial s'est élevé à 693,875,000 francs, et au lieu d'avoir un excédent de recettes, le budget s'est soldé par un déficit de 25 millions. — Ce déficit, qui avait commencé en 1875, a continué jusqu'en 1884, 27 millions en 1881, — 40 millions en 1882, — 17,771,000 en 1883, et 19,853,000 en 1884. — La population, d'un autre côté, est aujourd'hui de plus de 20 millions pour Java et Madura, et de 27 millions, en ajoutant les autres îles de l'archipel Malais.

Quant au commerce spécial entre les Indes Néerlandaises et la Hollande, il n'a fait que diminuer depuis 1860, et en 1882 il ne dépassait pas 165,251,000 francs, dont 82,858,000 francs pour les importations, et 82,393,000 francs pour les exportations.

On voit par ces chiffres que cette magnifique colonie qui, grâce au système Van den Bosch, a rapporté net à la métropole 1 milliard 110 millions, est devenue, depuis une dizaine d'années, une charge pour le trésor aujourd'hui grevé, par son fait, de déficits qui se succèdent avec une rapidité effrayante. — Ces déficits peuvent être attribués en partie aux dépenses de la guerre d'Atjeh, aux travaux publics qu'il a fallu faire pour faciliter la navigation et développer les voies de communication. — Mais il est une autre cause plus grave : on a peu à peu abandonné le système de cultures, cette puissance financière qui a mis la Hollande à même de faire face aux difficultés du Trésor de 1830, et sous prétexte d'abus qui s'y étaient glissés, le parti libéral, après 20 ans de lutte, est parvenu à le faire modifier presque entièrement. La culture pour le compte du gouvernement, de l'indigo, du thé, du tabac à Java, et des épices à Banda, a été abandonnée. Le gouvernement a laissé aux fabricants de sucre la libre disposition de leurs produits, en réduisant graduellement la superficie des terrains à planter, sous contrat officiel, de telle sorte qu'après 1890 toute immixtion du gouvernement dans cette partie aura cessé ; il ne reste pour le moment, et jusqu'à nouvel ordre, que la culture officielle du café à Java, Sumatra et Padang, et celle du quinquina à Java. Les salaires ont été augmentés, certains impôts regardés comme vexatoires, supprimés, et le système des corvées, aboli. excepté en ce qui concerne les travaux publics et les services du gouvernement. En outre, on a aboli les droits différentiels, et fixé les droits de douane à l'entrée et à la sortie à 6 p. 0/0 *ad valorem*. Enfin, une loi, dite agraire, a permis aux indigènes d'acquérir la propriété des terres possédées, en vertu du droit d'usage héréditaire individuel.

Qu'en est-il résulté ? Que celles des cultures laissées à l'initiative privée, qui avaient un caractère artificiel et qui n'étaient pas

appropriées à la nature du climat ou au caractère du Javanais ont
été abandonnées, tandis que la culture du sucre, du café et du thé
par l'industrie privée a pris un grand essor. Grâce à l'abondance
de la main-d'œuvre, les usines pour la fabrication du sucre, bien
installées, réalisent d'assez grands bénéfices. Le commerce, l'agriculture et l'industrie ont continué à se développer ; il y a plus de
terres cultivées, plus d'usines construites, et le mouvement maritime et commercial a presque doublé depuis 1850. La colonie n'a
donc pas perdu jusqu'à présent, quoique sa situation économique,
qui est liée à la vente du sucre et du café dont le prix a tant baissé
en Europe, soit loin d'être rassurante. Mais, d'autre part, l'indigène est moins soumis, la consommation d'opium augmente d'une
manière effrayante et tend à créer un paupérisme général. La
hausse des salaires fait que le Javanais ne travaille plus qu'une
journée sur trois, et le nombre des crimes a augmenté dans une
certaine proportion. Quant à la métropole, elle a été atteinte au
triple point de vue financier, commercial et industriel par ces
changements que l'on aurait mieux fait d'ajourner en se contentant d'éliminer les abus. Le trésor public, au lieu de recevoir
annuellement une vingtaine de millions, en moyenne [1], de l'Inde
Néerlandaise, est obligé, depuis dix ans, de lui fournir une pareille
somme dont le montant ne fera que s'accroître par la suppression
complète des cultures officielles.

D'un autre côté, l'abolition des droits différentiels a porté un
rude coup au commerce et à l'industrie de la métropole. Les importations des produits hollandais dans la colonie atteignent à
peine 80 millions de francs par an, et l'exportation du sucre à
destination des ports hollandais ne dépasse pas 40 0/0 de la production. Quant au commerce maritime, sur 3,609,000 tonneaux à
l'entrée et à la sortie, la part de la Hollande n'est que de 453,000
tonneaux, de telle sorte que cette magnifique colonie qui a sauvé
sa métropole d'une crise financière, et qui, pendant tant d'années,
a contribué à sa grandeur et à sa prospérité, tend à devenir pour
elle une charge onéreuse par la faute d'idéologues qui, se servant
habilement des grands mots de liberté, de progrès et d'humanité,
ont sacrifié les intérêts vitaux de leur patrie à des considérations
admirables en théorie, mais inapplicables et trop souvent funestes
en pratique. Nous faisons des vœux sincères pour que le malaise
qui est résulté de ces trop brusques changements disparaisse
promptement, mais, en attendant, la morale à en retirer pour
nous est que lorsqu'on a trouvé un bon système de colonisation,
il faut le garder, en éliminant les abus qu'il peut renfermer ou qui
peuvent s'y glisser, que dans les grandes spéculations financières
la politique et les sentiments doivent être exclus, que les principes

---

[1] La culture du sucre a donné chaque année un bénéfice de plus de 20 millions,
et celle du café a rapporté net, de 1840 à 1883, 1,376 milllions de francs.

d'économie politique, plus ou moins bons en Europe, sont inapplicables et dangereux pour des nations sauvages ou à demi civilisées, que les intérêts des colonies et de leur métropole doivent marcher parallèlement, sans être sacrifiés les uns aux autres, enfin que l'œuvre de la colonisation, extrêmement difficile et délicate par elle-même, exige une grande habileté, beaucoup de savoir-faire, une connaissance approfondie des hommes et des choses, de la prudence, et, par dessus tout, de la persévérance.

IV

ORGANISATION DE NOS NOUVELLES POSSESSIONS

L'aménagement d'une colonie comprend trois choses principales : organisation politique, organisation militaire, organisation économique.

Ce qu'il importe avant tout d'établir dans l'Indo-Chine, c'est notre droit de souveraineté, de telle sorte que personne ne vienne nous le contester et que nous soyons libres de prendre les mesures que nous jugerons les meilleures pour nos intérêts.

L'occasion est d'autant plus favorable que, maîtres du pays, nous n'avons plus les mains liées par le traité du 6 juin 1884 que M. Jules Ferry, plus soucieux de ses intérêts que de ceux de la France, a cru devoir dicter aux Annamites.

Cet acte, qui ne fait pas honneur à notre diplomatie, dont les *grands résultats devaient être pour nos neveux un des titres d'honneur de gouvernement de la République* [1], et qui n'a abouti qu'à faire lever ouvertement le masque à la cour d'Annam, heureusement n'existe plus, ni en fait, ni en droit. Sans égard pour nos neveux et pour le gouvernement de la République, *notre fidèle allié, gravitant dans l'orbite de notre influence*, l'a lacéré, dans la nuit du 5 juillet, l'a jeté au vent comme un vieux chiffon de papier sali par la signature des diables étrangers, et, pour que la rupture fût bien complète, a cherché à profiter des ombres de la nuit pour massacrer traîtreusement le représentant du protectorat.

Des traîtres à châtier, un ennemi à soumettre, un gouvernement à reconstituer, partant, de nouveaux sacrifices d'hommes et d'argent pour la France : voilà ce qu'a produit ce malheureux traité qui devait forcément, fatalement, amener les résultats les plus déplorables, et pour que le gouvernement de la République, par crainte absurde de complications avec la Chine, ou pour tout autre

---

[1] Rapport de la commission de la Chambre des députés chargée de son examen.

motif, n'ait pas la funeste idée de vouloir en maintenir l'exécution par la force, nous demanderons la permission de signaler au pays les germes de désordre, de complications et de danger que renferme sa teneur.

Lorsque M. Jules Ferry l'a créé et mis au monde, « la cour de Hué avait complètement anéanti les stipulations du traité de 1874[1]. Son hostilité flagrante, ses perfidies et sa connivence patente avec les ennemis qui luttaient à main armée contre nos troupes au Tonkin, tout en nous imposant le devoir de mettre un terme à un état de choses « intolérable », *nous armaient du droit de ne consulter dans le réglement définitif de nos rapports avec le royaume que les intérêts exclusifs de la France. Il nous était loisible, si nous le jugions* à propos, de prononcer la déchéance des Nguyen et de prendre en mains l'administration directe de l'Annam. Le gouvernement de la République écarta tout d'abord cette éventualité, il repoussa toute idée de conquête et d'annexion. D'accord avec la majorité républicaine du parlement, il estima que la forme du protectorat, d'un protectorat, non plus théorique, mais effectif, réel, garanti, tout en assurant à la France l'essentiel de la souveraineté sur les anciens états de Tuduc, offrait des *avantages considérables, au point de vue de la simplicité, de l'économie et des facilités d'administration du pays.* Le gouvernement direct de l'Annam aurait été malaisé, onéreux sans profit, Le protectorat, bien compris, permet d'obtenir avec moins de frais et de froissements, les résultats cherchés dans la création d'un grand empire colonial : développement industriel et commercial, accroissement de richesse et de puissance, rayonnement civilisateur. »

« Les instructions données au plénipotentiaire français tendaient donc à la conclusion d'un traité de protectorat général sur l'Annam et de protectorat plus immédiat sur le Tonkin. »

Tels sont les arguments présentés par le gouvernement de la République, pour justifier aux yeux du parlement, et du pays, la conclusion de ce traité du 6 juin 1884, dont les événements du 5 juillet sont venus démontrer toute l'inanité.

Si encore, M. Jules Ferry, en voulant appliquer à l'Annam le système de protectorat que, pour des raisons politiques, qui n'existent pas à propos de l'Indo-Chine, nous avons cru devoir adopter en Tunisie, eût pris ses dispositions pour acquérir la prépondérance exclusive de la France sur ce royaume, et nous permettre de gouverner à notre gré ce pays au nom du Souverain, devenu dans nos mains, comme le bey, un mannequin, une machine à signer les décrets et dont un résident est chargé de tirer les ficelles, le mal eût été moins grand. Mais au lieu de suivre cette voie qui semblait tracée d'avance, il a cru qu'il était d'une politique

---

[1] Rapport de la commission.

plus habile de faire une très large part à l'autonomie du royaume, et par les articles 3, 11 et 16 du traité, il a été stipulé que le roi continuerait de pourvoir, en pleine indépendance, au gouvernement intérieur de l'Annam proprement dit, augmenté des trois provinces méridionales du Tonkin : *Nghe-An*, *Ha-Ting* et *Tan-Hoa*. Les autres provinces du Tonkin, tout en relevant de l'Annam, sont placées sous notre protectorat spécial, et un contrôle permanent y est exercé par les résidents français sur les mandarins chargés de l'administration indigène, qui sont nommés par le gouvernement annamite, mais dont la révocation peut être prononcée sur la demande des autorités françaises. En deux mots, l'Annam proprement dit, renforcé des trois provinces méridionales du Tonkin, reste indépendant, plus fermé à notre commerce que la Chine, et continue à être gouverné par son Souverain, tandis qu'au Tonkin, nous partageons le pouvoir avec les Annamites. Tel est le traité.

Or, il faut savoir que l'Annam indépendant, tel qu'il se trouve constitué par le traité, est enclavé entre la Cochinchine et le Tonkin, et comprend une superficie de 120,000 kilomètres carrés habités par une population de 6 millions d'âmes, dont 3 millions appartenant aux provinces méridionales du Tonkin, nous ont toujours été on ne peut plus hostiles. Ajoutons que ces trois provinces ne sont pas aussi fertiles qu'on l'a prétendu en les rétrocédant à l'Annam, qu'elles sont essentiellement montagneuses, produisant du riz en quantité à peine suffisante pour la nourriture de ses habitants, qu'elles sont riches en ressources minières, en bestiaux, en salines dont nous nous sommes privés volontairement, que l'une d'elles a un commerce assez étendu avec Luang Prabang, que nous y avons un noyau de chrétiens dévoués, plus de 200,000 qui se trouvent ainsi abandonnés à la haine des mandarins et des lettrés, qu'enfin, au point de vue stratégique, elles ont pour nous une importance incontestable, à cause de leur topographie, et des deux voies de communication qui les traversent.

Nous avons donc imprudemment remis à la cour de Hué les moyens de résistance qu'elle avait perdus, et nous lui avons procuré les facilités de nous faire le plus de mal possible, quand elle jugerait l'occasion favorable.

L'amiral Lafond, ancien gouverneur de la Cochinchine, était mieux inspiré quand il écrivait, en 1878, au ministre de la Marine. « Quoi que nous fassions, on peut s'attendre à ce que le gouvernement annamite saisisse avec empressement toute occasion qui lui serait offerte de nous nuire. Notre politique en Annam ne doit s'inspirer d'aucun sentiment de générosité. Toute part d'influence que nous laisserons à la cour de Hué sera évidemment une force que celle-ci tournera contre nous. »

Ce n'est pas tout. Il était permis de supposer au moins que M. Ferry, après avoir enclavé ainsi entre la Cochinchine et le

Tonkin, ce royaume de 6 millions d'ennemis acharnés, aurait prévu les cas où ils pourraient chercher à nous nuire. « L'éventualité de l'hostilité du royaume annamite, dit, à ce sujet, le rapport de la commission, doit être écartée du débat. Le protectorat que nous établissons à Hué est un protectorat effectif, efficace. La subordination que nous imposons à la cour de Hué est une subordination réelle, positive et pratique. Le résident général de France est armé par le traité de pouvoirs suffisants pour couper court à toute velléité de conflit, et pour châtier toute tentative de trahison. La clé des difficultés est à Hué, et Hué sera dans les mains du résident général. Voilà ce qu'il convient de ne pas perdre de vue, si l'on veut apprécier la nouvelle situation de l'Annam. »

Que de remords ne doit pas avoir M. Ferry en songeant aux victimes qu'a causées tant d'imprévoyance !

Une autre faute politique qui a été commise en concluant ce traité, c'est, tout en statuant que le Tonkin serait dorénavant placé sous notre protectorat spécial, d'avoir maintenu l'ancien mode d'administration du pays, autrement dit, d'avoir laissé les habitants de ce malheureux pays sous le joug des mandarins annamites contre lequel, depuis 1802, ils ne cessent de protester.

« La patience des populations tonkinoises est à bout, écrivait l'amiral Lafond, au Ministre de la Marine, en 1878, et ils n'attendent qu'une occasion pour se débarrasser de la tyrannie des mandarins de Hué. »

« Le Tonkin, qui gémit sous un joug intolérable, disait à son tour, le 1ᵉʳ juillet 1879, l'amiral Jauréguiberry, nous aidera à le débarrasser de ses oppresseurs : Annamites et Chinois. Vassal peu résigné de l'Annam, nous le soustrairons à sa suzeraineté contre laquelle il a toujours protesté. »

Le général Millot, de son côté, a déclaré à la commission de la Chambre des Députés, que ce que les Tonkinois voulaient par dessus tout, c'était d'échapper à la domination du Nord et du Sud ; des Chinois et des Annamites ; que les mandarins seuls, nous étaient hostiles, et que la population ne nous abandonnerait pas, si nous ne l'abandonnions pas nous-mêmes. »

La commission elle-même a reconnu, dans son rapport, que le désordre, le pillage organisé, les invasions chinoises périodiques, l'incurie et la rapacité des mandarins annamites dans les vingt dernières années, ont réduit le Tonkin, si richement doté par la nature, à un état de pauvreté voisin de la misère. Pourquoi alors l'avoir laissé sous le joug de ces mêmes mandarins, quand nous avons pris l'engagement de le protéger ? — nous aurions compris, jusqu'à un certain point, que, quand existait le traité de 1874, le gouvernement, reculant devant des scrupules absurdes, n'eût pas voulu en violenter l'esprit, — mais du moment où nous concluions un nouveau traité, nous n'avions plus aucune raison pour retarder une mesure que réclamait impérativement le soin de nos intérêts. Quant aux avantages que présente ce système de protectorat général et spécial, au point de vue de la simplicité, de l'économie et de l'administration du pays, comme le mentionne le rapport de la commission, nous regrettons de dire qu'ils n'existent que dans l'imagination de ceux qui en ont parlé.

Un système qui repose sur la dualité, sur le partage de la souveraineté et du pouvoir, un système dans lequel rien n'a été prévu pour assurer la subordination de l'Etat protégé, un système qui laisse l'administration indigène du Tonkin entre les mains des mandarins annamites, nos ennemis mortels, et leur nomination au choix du roi [1], un système qui met le représentant de la France dans l'impossibilité matérielle de remplir son mandat au Tonkin, un tel système ne peut amener que froissements et conflit [2].

Prétendre, d'autre part, que ce régime sera économique, c'est faire preuve d'une ignorance complète de la situation. — Si l'on croit que l'administration de l'Annam, proprement dit, par les fonctionnaires indigènes indépendants de notre contrôle, sera moins onéreuse pour nous, on se trompe étrangement. L'Annam, avec l'incurie et les dilapidations des mandarins, malgré l'adjonction des trois provinces du Tonkin et la stipulation grotesque du traité, relative au versement dans les caisses du trésor, à Hué, du reliquat de l'impôt ancien perçu au Tonkin, après qu'il aura été pourvu aux différentes branches de l'administration et des services publics, l'Annam, disons-nous, ne pourra jamais équilibrer les dépenses de son budget avec ses propres ressources, et ses habitants ne pourront vivre avec les propres productions de leur sol. — Nous serons donc, forcément, par humanité et comme État protecteur, obligés de venir à leur aide, et cela nous coûtera plus cher que si nous prenions en mains l'administration du pays et la direction de ses finances.

Il est évident que les frais de l'administration du Tonkin ne seront pas plus élevés dans le cas où nous annexerons le pays, du moment où nous avons reconnu qu'il y a tout avantage pour nous à utiliser l'administration indigène. Ce qui doit nous préoccuper davantage, en fait d'économie, c'est de trouver un système qui nous permette de faire face aux frais de premier établissement, sans trop obérer le trésor, et d'arriver le plus rapidement possible à ce que la colonie se suffise avec ses propres ressources, tout en produisant ce que nous sommes en droit d'attendre d'elle.

Le traité ne présente donc aucun avantage au point de vue économique, et d'un autre côté on y remarque avec peine certaines

---

[1] La nomination des mandarins du Tonkin par le roi avec le système d'otages tel qu'il existe dans l'Annam, met ces mandarins entièrement à sa discrétion. On aura beau les révoquer, les remplacer, ils seront toujours à la merci de la cour de Hué, qui, quoi que nous fassions, sera notre ennemie.

[2] Comment veut-on que le résident général à Hué administre à cette distance le Tonkin ? C'est tout simplement absurde.

lacunes regrettables. Ainsi, qui sera chargé de l'établissement du budget ? Est-ce le roi ou le représentant du protectorat? Quel sera, en outre, le sort de l'immigration française dans un pays où, d'après la loi annamite, le Souverain est le propriétaire incommutable du sol, et où, par suite, les détenteurs ne sont que les amodiataires. M. J. Ferry a bien donné à la commission l'assurance que le gouvernement annamite s'est interdit la facilité d'accorder, sans notre consentement, des concessions d'aucune sorte, tant en Annam qu'au Tonkin, mais cette prétendue interdiction ne règle nullement la question importante des concessions, et nous porte à dire, comme beaucoup de personnes l'ont remarqué, que dans ce traité, tout ce qui aurait dû être stipulé, en notre faveur, a été oublié intentionnellement, et tout ce qui aurait dû être oublié a été stipulé.

En deux mots, cet instrument de nos droits est un acte déplorable, préjudiciable en tous points à nos intérêts aussi bien qu'à ceux de l'Annam; c'est lui qui a amené la catastrophe du 5 juillet, et le gouvernement de la République se tromperait si, après les résultats qu'il a produits, il persistait à vouloir en imposer l'exécution aux Annamites.

Le système du protectorat, possible jusqu'à un certain point [1], dans les pays de féodalité, comme la Tunisie, où le monarque détient toute l'autorité, où existe la centralisation, n'est pas applicable aux contrées de collectivisme démocratique. Il avait été essayé déjà, sans le mot toutefois, en Basse-Cochinchine, où il a donné les plus mauvais résultats, et retardé de plusieurs années la pacification générale, en consommant des milliers de soldats et des centaines de millions de francs.

Les Annamites, Tonkinois, Cambodgiens, qu'on le sache bien, ne reconnaîtront d'autre suprématie que la force, et tous les tempéraments dont on usera vis-à-vis d'eux, ne feront que leur faire mettre en doute la durée de notre occupation et sa solidité.

« On ne trouve, a dit avec raison M. Ch. Lemire, dans tout l'Annam, que deux classes bien tranchées, le peuple qui travaille, qui produit, qui produirait plus et serait plus heureux avec un gouvernement équitable, et les mandarins qui exploitent le peuple et entravent la production. Il s'agit pour nous de nous substituer aux mandarins. Nous ferons ainsi rapporter davantage à ces riches contrées, et nous élèverons graduellement des populations retenues dans l'abrutissement. Autrement les mandarins feront le vide autour de nous, au milieu du pays administré par eux; ils em-

[1] La Tunisie, avec son protectorat, nous a coûté déjà 70 millions. Pour occuper la régence, elle est inscrite au budget ordinaire de la France pour 25 millions, et son commerce avec la France est encore assez peu important pour que l'administration des douanes ne lui fasse pas encore l'honneur d'un compte rendu particulier. Il figure sous ce titre au tableau du commerce général : Etats barbaresques (Tunisie, Maroc et Tripoli).

pêcheront les indigènes d'entrer en relation avec nous et de nous vendre leurs produits. Ce seront des complications sans fin, des expéditions successives, onéreuses, sans profit ».

L'annexion du Tonkin, qui n'est après tout qu'une conquête de l'Annam, s'impose donc d'elle-même aussitôt que le pays aura été pacifié.

On objecte les traités existants et l'impossibilité matérielle pour nous, en cas d'annexion, d'organiser de suite l'administration de ces pays.

D'abord le traité du 6 juin 1884 a été déchiré, rompu par les Annamites eux-mêmes, ils ne peuvent donc l'invoquer. Quant à craindre que la Chine n'intervienne, en faisant valoir l'engagement indirect et *si impolitique* que nous avons pris par le traité de Tien-Tsin, de respecter l'autonomie de l'Annam, c'est n'avoir aucune idée des affaires de l'Extrême-Orient. Le gouvernement de Pékin, qui sait parfaitement, malgré ce qui s'est passé, à quoi s'en tenir sur notre force et sur sa faiblesse militaire, et à qui il manque le nerf de la guerre, est trop pratique, après que son honneur et son prestige sont sortis sains et saufs du dernier conflit, pour nous chercher dans ce moment, à propos de l'Annam, une querelle d'allemand qui ne pourrait que tourner à son désavantage, et l'exposer aux plus graves dangers. Qu'il n'ait pas renoncé entièrement à ces pays, qu'il espère les recouvrer plus tard, quand il sera plus fort et qu'il trouvera une occasion favorable ; cette supposition est permise, mais soyons bien convaincus que le meilleur moyen de prévenir ces mauvais desseins, c'est de lui prouver que nous sommes décidés à conserver notre conquête en la couvrant de notre drapeau, rien que de notre drapeau. Or, ce qui est possible maintenant, ne le serait peut-être pas plus tard, et jamais nous ne trouverons une meilleure occasion, avec les forces dont nous disposons dans l'Extrême-Orient, pour achever le règlement défi-nitif de cette question, sans lequel, aucun système d'aménagement n'aura chance de réussir.

Le cabinet actuel a déclaré que le plan du gouvernement était d'établir à Hué un protectorat qui rayonnât sur l'Annam et sur le Tonkin, en évitant avec soin tout ce qui pourrait nous conduire dans la voie de l'annexion, qu'un résident général civil serait ins-tallé à Hué, qu'il dépendrait d'un seul département ministériel, qu'il aurait sous ses ordres les fonctionnaires détachés soit au Tonkin soit en Annam, en vertu d'une convention ou annexe au traité de Hué, convention qui permet d'assimiler les deux pays au point de vue du régime du protectorat, enfin que l'exercice de ce protectorat aurait lieu dans des conditions analogues à celles de Tunis ; le roi d'Annam administrant tout le pays par ses moyens propres, sauf les exceptions mentionnées au traité, traité d'ailleurs révisable, de façon à permettre de réduire le nombre des fonctionnaires français.

Le cabinet n'est pas partisan de l'annexion ; pourquoi ? il ne le dit pas. Mais, d'un autre côté, il reconnaît que l'Annam proprement dit ne peut être soustrait au régime du protectorat tel qu'il a été fixé par le traité de Hué pour le Tonkin ; c'est déjà un grand pas de fait vers une politique plus conforme à nos intérêts. Mais ce n'est pas tout. Il n'est pas possible, comme nous l'avons déjà dit, que le résident général civil, ayant sous ses ordres les fonctionnaires détachés, soit en Annam soit au Tonkin, puisse remplir son mandat administratif, et que le roi d'Annam continue à administrer tout le pays par ses moyens propres. Le système du protectorat comme en Tunisie, nous le répétons, n'est pas applicable à des contrées de collectivisme démocratique. Il est absolument nécessaire que le Tonkin avec ses 12 ou 15 millions d'habitants, différents des Annamites, limitrophe comme il est à la Chine, et qui pendant quelques années restera dans un état d'agitation plus ou moins dangereux, soit administré par nous, et rien que par nous, et notons bien que, même dans ces conditions, notre rôle ne sera pas facile. C'est pourquoi, nous demandons l'annexion du Tonkin, sans toucher au protectorat de l'Annam proprement dit et du Cambodge pour ne pas effrayer Siam. Dans ce cas, un gouverneur général résidant à Hanoï, et qui aurait sous ses ordres, comme dans l'Inde anglaise, les deux agents français délégués auprès des rois du Cambodge et de l'Annam et les autres fonctionnaires civils et militaires de nos possessions, centraliserait tous les pouvoirs sous la direction du ministère des colonies[1].

Maintenant, si pour des raisons majeures que nous ne prévoyons pas, le gouvernement de la République ne veut à aucun prix entendre parler pour le moment d'annexion, pourquoi ne pas décider, en vertu d'une nouvelle convention, que le Tonkin, tout en continuant à faire partie du royaume d'Annam, sera administré entièrement par l'autorité française, tandis que l'Annam proprement dit sera soumis au régime du protectorat établi pour le Tonkin par le traité de Hué ? Dans ce cas, le résident général qui pourrait être aussi bien militaire que civil, car nous ne voyons pas pourquoi un militaire ne pourrait pas remplir ces fonctions, s'il en est capable, résiderait à Hanoï et aurait un agent auprès de la cour de Hué. Ce résident général centraliserait tous les pouvoirs administratifs et militaires dans l'Indo-Chine.

Nous proposons en même temps de ne pas toucher à l'administration du pays et de conserver, comme dans l'Inde Néerlandaise, le gouvernement du peuple par l'intermédiaire de ses chefs, sous le contrôle des employés européens.

Dans l'Inde anglaise, les Européens gouvernent directement, seulement leurs ordres sont exécutés par des agents indigènes.

---

[1] Nous avons oublié de parler plus haut de cette création, qui est indispensable, si nous voulons faire de la bonne politique coloniale.

Dans l'Inde Néerlandaise, les chefs indigènes sont seuls chargés de l'administration, sous le contrôle des agents européens, qui se bornent à examiner l'état des choses, à donner des conseils, à faire des rapports, mais ils n'ont aucun pouvoir de prescrire des ordres, excepté le résident, dans certains cas, et de les faire exécuter. Le profond respect dont ils sont l'objet et la déférence que les fonctionnaires indigènes montrent généralement à l'égard de leurs conseils, les préservent habituellement de violer ces lois.

D'un autre côté, les fonctionnaires européens sont toujours accessibles et prêts à écouter toutes les plaintes, et, d'une manière ou d'une autre, les indigènes obtiennent toujours la réparation de leurs griefs par leur intermédiaire, bien qu'aucun Européen n'exerce une autorité directe sur les indigènes. On a établi et on maintient rigoureusement ce principe : que les relations entre les Européens et les indigènes doivent être agréables et profitables à ces derniers, et que toutes les fois qu'il s'agit de donner des ordres à ceux-ci, ou d'exercer sur eux quelque contrainte, il faut laisser cette tâche aux chefs de leur propre race. Ces ordres, d'autre part, sont probablement, par eux-mêmes, mieux adaptés aux idées des indigènes, et, en tout cas, ils leur sont moins désagréables que s'ils leur paraissaient émanés de leurs dominateurs étrangers, et non pas de leur vieille aristocratie locale qu'ils sont accoutumés à respecter. La facilité de congédier les employés indigènes que s'est réservée le gouvernement hollandais suffit pour empêcher ces employés de nuire aux intérêts publics par leur mauvaise volonté ou par leurs caprices, et permet de faire gouverner une population irritable et vindicative par ses propres chefs, sans exciter chez elle d'animosité contre les dominateurs étrangers.

Les devoirs des employés européens, résidents, sous-résidents et contrôleurs, sont admirablement tracés, comme on peut le voir dans l'ouvrage de Money, et on peut dire que ce système a donné les meilleurs résultats.

Nous proposons donc d'emprunter aux Hollandais, pour l'appliquer au Tonkin, ce système du gouvernement du peuple par l'intermédiaire de ses chefs sous le contrôle des employés européens, c'est-à-dire de laisser leurs pouvoirs aux gouverneurs généraux et gouverneurs particuliers, dont la nomination et la révocation seront entre nos mains et de placer auprès d'eux des résidents pour les éclairer et les diriger [1].

---

[1] En Cochinchine, nous avons supprimé les grands mandarins dépositaires de l'autorité royale et nous les avons remplacés par les administrateurs des affaires indigènes, représentants de l'autorité française. Nous avons gardé seulement, dans chaque arrondissement, un huyen, chef intermédiaire plus éclairé, entre les cantons, les communes et les agents français. Nous avons maintenu les communes avec leurs chefs directs désignés au choix de l'autorité par les habitants eux-mêmes, avec leurs inscrits et non inscrits, avec leurs obligations de police, de voirie, de travaux publics, telles qu'elles ont été fixées par la loi annamite. Nous avons également laissé aux indigènes le droit d'être jugés au civil d'après la loi annamite ; et au criminel,

Ce mode de gouvernement aurait pour avantage, en dehors de ceux que nous avons indiqués, de ne pas indisposer contre nous un grand nombre de mandarins, et toute la classe influente des lettrés, qui deviendront autant de mécontents et des adversaires acharnés, si nous les dépouillons brusquement de leurs titres et de leurs privilèges. L'institution démocratique des lettrés est presque aussi vieille que ces pays. En la détruisant brutalement nous courrons le risque de nous aliéner l'esprit de tous les indigènes ; car le rêve de tout Annamite, Tonkinois ou Cambodgien est de devenir fonctionnaire, tandis qu'avec de l'habileté, du savoir faire, comme cette classe forme en réalité l'aristocratie de la nation, nous pourrons en tirer un parti aussi utile que profitable. En traitant bien les mandarins, en leur donnant des traitements convenables, tout en étant pour eux sévères, mais justes, en cas d'abus, de malversation, d'hostilité manifeste ou de trahison, nous parviendrons peu à peu à gagner leurs sympathies, leur dévouement, et nous éviterons ainsi les tentatives de désordre et de soulèvement qui ne manqueraient pas de se produire, si nous agissions autrement.

Il y a plus, comment trouverons-nous un nombre suffisant d'administrateurs expérimentés pour prendre eux-mêmes la direction des affaires? En tout cas, si ce système présentait des inconvénients, il sera toujours temps de le modifier, et pendant ce temps nous aurons eu le temps de préparer les éléments qui nous manquent dans ce moment, en organisant sur de plus larges bases notre corps des administrateurs dans lequel nous proposons de faire entrer, comme dans l'Inde Néerlandaise, des contrôleurs dont les fonctions principales consistent à inspecter l'état des cultures et à assurer, par leur surveillance, le bien-être des populations.

A Java, chaque région est divisée en circuits d'une étendue assez restreinte, pour que le contrôleur, qui lui est affecté, puisse visiter, une fois par mois, chaque village et rendre compte de ce qu'il a vu à son chef, soit résident ou sous-résident. De cette manière, tout indigène a fréquemment l'occasion de voir un de ces maîtres de race européenne et de pouvoir chaque mois faire valoir ses griefs et en obtenir le redressement. Durant les cinq premières années de service, un contrôleur est occupé à courir sans cesse d'un village à l'autre. A peine passe-t-il, à la résidence, quatre ou cinq mois pour rédiger ses rapports, et les livrer à son supérieur. Il se trouve donc de bonne heure jeté seul au milieu d'une population, avec laquelle il est obligé d'entretenir des relations continuelles, à propos de toutes sortes de questions, ce qui lui fait acquérir

un décret de 1880 a promulgué un code spécial aux Annamites. Ce système a donné d'assez bons résultats, et il sera toujours temps d'y revenir, si celui que nous proposons et que nous croyons meilleur, ne répond pas à notre attente.

promptement cette connaissance du caractère et du langage des indigènes, qui distingue le service civil de Java.

Il voyage à cheval, et est accompagné, dans chaque district, par le chef indigène ou un autre chef moins élevé ; il vit et dort dans la *maison des étrangers* qui existe dans chaque district, et qui, construite en bambous et en *nattes,* renferme tout le confort du bungalow indien.

Le contrôleur n'est pas chargé seulement de l'inspection des cultures de son circuit, il en a aussi la direction pratique, par suite de l'influence dont il jouit sur l'esprit des paysans, et des conseils qu'il donne aux chefs indigènes. Il doit s'enquérir si chaque village cultive du riz en quantité suffisante pour les besoins de la population, déduction faite du cinquième des terres qui doit être planté en cannes à sucre ou en d'autres produits du même genre, destinés à être livrés à l'entrepreneur ou au planteur indépendant. Il doit veiller à ce que non seulement la canne et les autres produits du même genre, mais aussi le riz, plantés à des époques convenables, soient entretenus avec soin pendant la période de croissance, il préside le comité de *Taxation* chargé d'estimer la récolte du riz ou de la canne sur pied, afin de fixer le montant de la taxe foncière, ainsi que le prix qui doit être remis aux paysans en échange de leurs produits. Il doit tenir la main à ce que chaque village possède, en quantité suffisante, les instruments nécessaires pour planter, nettoyer, récolter et préparer les productions du sol. Dans le cas où la récolte du riz se trouverait insuffisante pour les besoins de la population, son devoir est d'engager les habitants à planter une deuxième récolte appropriée à la nature des terres. Il doit se tenir au courant du nombre des caféiers plantés, et en rapport dans les terrains incultes et d'une altitude élevée, afin de pouvoir en rendre compte à ses supérieurs ; il lui est prescrit de savoir si ces arbres sont bien entretenus, si le café a été récolté, si on ne l'a pas laissé tomber sur le sol et germer, enfin, si les villageois sont pourvus d'instruments convenables pour le nettoyer et le trier. Le contrôleur a des pouvoirs très étendus en fait d'arbitrage et de conciliation. Il est généralement chargé de recevoir toutes les plaintes des villageois ; il doit les écouter, et faire ses efforts pour arranger à l'amiable les parties ; il prononce, dans les cas très nombreux, où les indigènes n'ont besoin que de lui raconter leurs affaires, et de lui demander son avis. Il ne jouit du reste d'aucun pouvoir judiciaire d'un autre genre, si ce n'est de celui de concilier les parties, lorsqu'il le peut, d'écouter toutes les plaintes, et d'en rendre compte à qui de droit. Lorsqu'il ne réussit pas à régler un différend, il renvoie les parties devant un jury de village ou *punchayet,* dont il enregistre les décisions, et prend les mesures nécessaires pour les faire exécuter, s'il y a lieu. Il sert aussi de témoin naturel chaque fois que les volontés, contrats et autres actes des particuliers

exigent pour leur exécution la présence d'un employé européen.
Il visite mensuellement les magasins de café, de sel, et autres
denrées du gouvernement, dans son circuit, il examine les livres
et les rapports des chefs de chaque localité. Les indigènes collec-
teurs des taxes devant être payées mensuellement au secrétaire ou
au trésorier, doivent également lui communiquer leurs comptes
mensuels.

Il n'a aucune autorité sur le chef du village; mais son prestige
comme Européen et son titre d'officier suffisent. Il doit être
attendu et reçu par le chef du district à l'entrée du district ; dans
sa visite, il lui signale ainsi qu'aux chefs qui sont obligés de l'ac-
compagner, tout ce qu'il trouve de défectueux, et leur suggère les
améliorations ou les changements qu'il juge opportuns.

Au retour de sa tournée, il en fait connaître les résultats à son
chef, au résident ou au résident adjoint. Ces résultats, comprenant toutes les particularités relatives à la culture dans l'étendue
du circuit, sont inscrits sur des tableaux imprimés d'avance et que
le contrôleur remplit sur les lieux dans chaque village. Il a soin
d'y ajouter toutes les remarques qu'il a pu faire concernant le
village ou ses habitants ; il mentionne également les recommanda-
tions qu'il a eu l'occasion de faire aux chefs indigènes, en dési-
gnant ceux qui les ont suivies, ainsi que ceux qui ne s'y sont pas
conformés. Les chefs indigènes savent fort bien que, si le contrôleur
rend compte à son supérieur qu'ils ont négligé ou refusé d'obtem-
pérer à ses avis, ce supérieur en informera à son tour le régent,
et qu'il en résultera pour lui une foule de conséquences désagréables. Aussi le contrôleur rencontre-t-il, en général, chez les chefs
indigènes une grande docilité à se conformer à ses avis ; cependant s'ils les considèrent comme peu judicieux, ils en avertissent
le régent, et lui exposent en même temps leurs objections. La
question est débattue alors à la première réunion du *Land raad*,
et des ordres sont ensuite transmis aux chefs indigènes, suivant
la décision adoptée par cette assemblée.

Le contrôleur de 3ᵉ classe ou aspirant contrôleur a *6,500* francs
par an, quand il accompagne un autre contrôleur pendant quelques
mois. Quand il est nommé contrôleur de 2ᵉ classe il a *8,820* francs,
et comme contrôleur de 1ʳᵉ classe 11,340. Il a en même temps un
tant pour cent sur la culture.

Nous proposons donc d'emprunter aux Hollandais pour le Tonkin ce système du gouvernement du peuple par l'intermédiaire de
ses chefs sous le contrôle des employés européens, c'est-à-dire de
laisser aux gouverneurs généraux indigènes et gouverneurs particuliers leurs pouvoirs, en nous réservant le droit de nommer et
de révoquer tous les fonctionnaires en général et en plaçant auprès d'eux des agents pour les éclairer et les diriger.

Nous proposons également d'adjoindre, comme dans l'Inde Néerlandaise, aux résidents et sous-résidents, des contrôleurs dont les

fonctions principales consistent à inspecter l'état des cultures et à assurer par leur surveillance le bien-être des populations.

A propos du traitement des contrôleurs, nous demandons encore que les agents du corps d'administration, qui prendront l'engagement de passer un certain nombre d'années au service de l'État dans l'Indo-Chine, reçoivent des traitements de nature à leur permettre de vivre convenablement sous ces climats où chaque jour est un nouveau combat pour l'existence, et de tenir leur rang au milieu de ces populations indigènes qu'ils sont appelés à diriger ; des traitements qui leur fournissent les moyens, si leur santé les oblige à se retirer épuisés et fatigués, ou bien quand l'heure de la retraite sonnera, de se reposer après ces jours d'exil, sans être contraints de travailler de nouveau pour donner un peu plus que du pain et de l'éducation à leurs enfants.

Les traitements et les retraites de nos agents civils ou de nos officiers, dans les colonies, comparés à ceux des agents anglais ou hollandais, sont ridicules. Un employé d'une maison de commerce à Hong-Kong, à Calcutta ou à Batavia, est plus payé qu'un général ou un chef de justice chez nous. — Aussi on peut dire que l'existence de nos employés civils ou de nos officiers, dans l'Indo-Chine, est toute de privations. Leur modique traitement suffit à peine à leur procurer le nécessaire, et leur interdit ce qui est indispensable pour reconforter le corps et l'esprit dans ces pays, où tout semble fait pour altérer la santé et atrophier l'intelligence, — et cependant, si une voix bienveillante s'élève en leur faveur, il ne manque pas de politiciens qui, en vue de leur élection, fulminent contre ces rongeurs de budgets qui continuent, malgré tout, à servir leur patrie avec dévouement, souffrent et meurent sans se plaindre.

Tout cela n'est pas digne de la France. Ce n'est pas ainsi qu'on fait de la grande colonisation.

Un autre emprunt que nous proposons de faire, à la Hollande, c'est le système d'organisation des forces destinées à la garde et à la défense de notre établissement. — Pour nous, l'organisation de l'armée coloniale de l'Inde Néerlandaise est, sans contredit, la meilleure que nous puissions adopter.

En dehors des avantages politiques et militaires qu'elle présente et que nous avons signalés plus haut, elle nous permettra de renoncer au système actuel de prélèvement forcé, si onéreux pour les populations de nos campagnes, et de conserver sous la main toutes nos forces disponibles dont nous avons besoin par les temps troublés que nous traversons ; en outre, en diminuant considérablement la dépense des frais de transport pour les troupes européennes, elle procurera à l'État une économie notable.

Nous proposons donc la formation d'une armée coloniale de l'Indo-Chine, d'après les bases du système hollandais, avec certaines modifications que nous ferons connaître. L'effectif de cette armée serait de 40,000 hommes dont 20,000 Européens et 20,000 Cochinchinois, Annamites, Tonkinois.

15,000 Européens seraient entretenus par le Trésor public ; l'entretien des 5,000 autres, destinés à servir dans l'Annam, serait moitié à la charge de l'État, moitié à celle du roi d'Annam.

L'entretien de ces 17,500 hommes, en ajoutant les dépenses navales, nous coûtera environ 45 millions.

Déduisant de cette somme : 1° 19 millions pour l'entretien de ces mêmes forces en France, 2° 6 millions pour diminution de frais de transport, provenant de notre système d'organisation, il restera à la charge de l'État 20 millions.

D'un autre côté, les 20,000 indigènes coûteront 12 millions, dont 3,500,000 incomberont à la Cochinchine, 7 millions au Tonkin et 1,500,000 à l'Annam qui aura, en outre, à sa charge, 5,500,000 pour l'entretien par moitié des 5,000 Européens. L'armée annamite serait ainsi de 10,000 hommes, dont 5,000 Européens et 5,000 indigènes.

Ces dépenses, qui ont été calculées avec le plus grand soin pour 20,000 soldats européens et une flotte montée par 2,000 marins, seront plus considérables les premières années, durant lesquelles il sera aussi prudent que sage de conserver, ainsi que le propose le gouvernement, une flotte de 48 bâtiments et de 4,000 marins, qui seront absolument nécessaires pour faire la police des fleuves et faire face à toutes les éventualités extérieures.

Nous avons à surveiller les agissements de la Chine, et plus nous serons forts, moins nous aurons à craindre de complications.

Le projet du gouvernement serait, dit-on, de créer une armée de 30,000 indigènes, et de laisser dans l'Indo-Chine 12,000 hommes de troupes européennes.

12,000 ne seraient pas suffisants, il en faudrait au moins 20,000 pendant un certain temps.

Cette armée de 40,000 hommes ne sera pas de trop pour assurer la défense et la sécurité de tout l'établissement. — De 1857 à 1859, nous avons eu besoin, en Cochinchine, de 8,000 hommes pour garder trois provinces peuplées de 800,000 âmes, soit un soldat ou matelot européen pour 800 habitants. Dans ces dernières années nous avons été obligés d'entretenir 3,500 hommes d'infanterie de marine, 200 marins et 2,200 tirailleurs annamites pour une population de 1,600,000 âmes, soit un soldat blanc pour 500 indigènes. 40,000 hommes ne seront donc pas de trop pour garder et protéger tout notre établissement.

Rien ne sera plus difficile, croyons-le bien, de maintenir pendant les premières années l'ordre et la tranquillité dans ces contrées de civilisation chinoise où, depuis plus d'un siècle, l'insurrection n'a pas cessé d'exister, soit ouvertement, soit à l'état latent, qui renferment de nombreux éléments de désordre, et dont les habitants n'accepteront notre domination qu'autant qu'ils nous sauront forts et décidés à la maintenir. Aussi, en dehors de ces 40,000 hommes, devrons-nous avoir une police européenne de terre et de mer, pour poursuivre les pirates et les malfaiteurs.

Ce dont nous devrons nous occuper également, c'est de créer un port pour nos bâtiments de guerre, avec les établissements nécessaires à leur entretien et à leur radoub. Nous devrons également chercher un point entre Obock et le cap Saint-Jacques (Cochinchine), séparés par une distance de plus de 4,000 milles, où nous puissions établir un dépôt de charbon, absolument indispensable, si la guerre venait à éclater avec la Chine.

Il faudra, en outre, songer à fortifier et à relier par des voies ferrées, les points stratégiques qui seront jugés nécessaires, pour opposer une barrière infranchissable aux bandes, ou aux armées chinoises, qui voudraient envahir nos nouvelles possessions.

Les premières ne seront jamais un danger sérieux pour nous, mais peut-on l'affirmer pour les autres? Si le gouvernement chinois, disent un certain nombre de personnes qui n'ont pas approfondi la question, a pu, avec les forces dont il dispose actuellement, nous tenir tête si longtemps et obtenir, en fin de cause, un traité plus honorable et plus avantageux pour la Chine que pour la France, ne devons-nous pas craindre qu'un jour, lorsqu'il aura fini d'organiser à l'européenne une armée et une marine, dans des conditions numériques supérieures aux nôtres, il ne soit tenté, en nous voyant impliqués dans une grande crise européenne, de reconquérir ces provinces qu'il considère toujours comme vassales de l'empire, et de délivrer ses frontières de notre voisinage qui est pour lui une menace perpétuelle. N'y a-t-il pas là, ajoute-t-on, un motif d'inquiétude des plus sérieux pour l'avenir de notre œuvre indo-chinoise?

Nul ne peut prédire ce qu'il adviendra un jour de nos nouveaux établissements. — L'avenir appartient à Dieu. — Mais, d'après les probabilités, qu'il est toujours permis à l'homme de faire, nous sommes convaincu que nous n'avons pas à nous préoccuper, outre mesure, de cette grave éventualité.

La Chine nous a donné, depuis deux ans, la mesure des efforts qu'elle peut faire au point de vue militaire. Ce n'est plus une quantité négligeable, mais ce n'est pas encore une puissance que nous devons redouter; et si elle nous a tenu tête si longtemps, ce n'est pas à sa force qu'elle le doit, mais bien à la politique, toute de faiblesse, d'hésitations, d'imprévoyance que nous avons suivie.

Le seul avantage que nous ayons retiré de cette campagne qui aurait pu, avec plus d'habileté diplomatique, être évitée, c'est d'avoir montré une fois de plus la vaillance, le dévouement de nos braves soldats de terre et de mer, ainsi que la capacité de leurs dignes chefs, et de nous avoir fait connaître le degré d'avancement militaire de nos voisins.

La Chine n'est pas prête et ses hommes d'État sont trop intelligents, et trop au courant de ce qui s'est passé pour ne pas savoir que vouloir recommencer la lutte, serait s'exposer, sans espoir de réussite et d'aucun profit, à voir la plupart des ports de l'empire brûlés par notre flotte, les provinces affamées, les populations soulevées, et ce qu'ils redoutent par dessus tout, l'empire ouvert aux barbares du monde entier. Qu'ils cherchent suivant leur habitude, par leurs agissements, par leurs intrigues, à nous créer des difficultés en Annam et au Tonkin, nous devons nous y attendre. C'est à nous à nous tenir sur nos gardes. Mais ils n'ont nullement envie, soyons-en persuadés, de soulever un nouveau conflit qui ne pourrait qu'être désastreux pour leur pays et pour la dynastie Ta-tsin.

Maintenant, si la Chine n'est pas encore de taille à lutter contre une grande puissance européenne, peut-on supposer qu'un jour elle sera assez forte pour nous chasser de l'Indo-Chine. Nous ne le croyons pas, parce que ce jour-là, la Chine ne serait plus la Chine — C'est une nation trop utilitaire, qui tient trop à ses institutions séculaires, à ses vieux préjugés qui lui ont permis de vivre et de grandir quand les autres peuples mouraient et disparaissaient ; qui aime trop la vie de famille, la littérature, le commerce, l'industrie ; qui a trop l'horreur de la guerre et le goût des entreprises pacifiques, pour se lancer tout d'un coup dans des dépenses improductives aussi colossales que celles qui sont nécessaires aujourd'hui, pour devenir et rester une puissance militaire et maritime de premier ordre. Du reste, où prendrait-elle l'argent? Pour l'emprunter, il faudrait faire aux étrangers qu'elle abhorre, et dont elle a peur, des concessions qu'elle n'accordera jamais volontairement de peur d'être envahie par le flot qui la menace. En tout cas, si jamais ce grand fait vient à s'accomplir, nous aurons eu le temps de retirer de notre colonie les profits compensateurs que nous sommes en droit d'espérer de cette vaste entreprise.

En résumé, nous n'avons rien à craindre de la Chine. Nous pouvons donc poursuivre notre œuvre avec confiance, en prenant toutes les précautions que les règles de la prudence et le soin de nos propres intérêts nous imposent. Nous dirons, à ce propos, que, dans le but de fermer et de protéger notre frontière septentrionale du Tonkin qui est complètement ouverte de l'ouest à l'est, et afin de nous prémunir contre les agissements de nos rivaux, nous avons signalé, avant la conclusion du traité de Tien-tsin, par écrit et verbalement, à M. J. Ferry, les avantages de premier ordre qu'il y aurait eu pour la France à proposer au gouvernement chinois, comme condition *sine quâ non* de la paix, et en échange de l'indemnité de guerre réclamée pour le guet-apens de Baclé, la rectification de la frontière du Tonkin et une nouvelle délimitation, suivant une ligne de démarcation qui aurait été reportée à quelques lieues plus au nord, en même temps qu'elle aurait été étendue à l'ouest jusqu'à hauteur de Szemao, c'est-à-dire jusqu'au 23° de latitude.

Tout le territoire compris entre cette ligne et notre frontière, et qui est habité en grande partie par des tribus aborigènes, est traversé par un rameau de la grande chaîne qui court du nord au sud et va mourir à la mer. Ce rameau comprend plusieurs plateaux dont quelques-uns ont plus de 2,000 mètres d'altitude, et dont la possession nous aurait permis de constituer la meilleure barrière militaire, d'établir un excellent sanitarium pour nos troupes et les résidents français, enfin de créer un entrepôt commercial, absolument nécessaire, si nous voulons nouer avec les populations industrieuses des provinces du sud-ouest de la Chine des relations plus étendues. Nous réservions en même temps, pour notre commerce, la plus grande partie du trafic avec ces provinces, nous prévenions l'annexion de la Birmanie, et qui sait, peut-être de graves complications avec l'Angleterre. Le gouvernement de Pékin ne se fût pas exposé aux conséquences d'une guerre à outrance pour cette rectification de frontière, qu'il lui eût été facile de justifier aux yeux de ses peuples, en faisant valoir l'engagement que nous avons pris, sur sa demande, de protéger ses frontières méridionales, limitrophes au Tonkin, contre toute agression extérieure.

Ces avantages n'ont pas été compris par M. J. Ferry, mais ce qu'il n'a pas cru devoir faire, dans l'intérêt de son pays, peut être refait par son successeur. La conduite des Anglais en Birmanie, les projets audacieux et inexécutables de MM. Colquhoun et Hallett [1], appuyés par toute l'école bombastique (Bombastic school) qui considère déjà le royaume de Siam, le Laos, la vallée du Me-

---

[1] Ces deux ingénieurs ont projeté de construire une voie ferrée, qui, se soudant à la ligne de Rangoon à Tangoo, sera continuée à travers la Birmanie supérieure jusqu'à Mandalay et Bhamo, avec embranchements se reliant au système des chemins de fer indiens. Une autre voie se dirigera sur Dongvoon, où elle rejoindra une autre ligne qui partira de Maulmain avec embranchements jusqu'à Bangkok. De Dongvoon la ligne franchira la Salouen et sera prolongée pour le moment jusqu'à Kianghong, en passant par Zimmé, et plus tard jusqu'à Szemao (Yunnan), éloignée de Maulmain de 700 milles. D'après leurs calculs, la ligne de Bangkok à Kiongsen coûterait 100 millions de francs pour une distance de 540 milles. Ces projets gigantesques, qui ont pour but d'accaparer le commerce de Siam, du Laos et des provinces de la Chine, paraissent impraticables si l'on songe aux difficultés que la voie ferrée est appelée à rencontrer à travers ces pays sauvages et indépendants et à l'opposition que lui fera la Chine. Nous ne pouvons permettre, d'un autre côté, qu'après l'annexion de la Birmanie, qui est la première conséquence de ces projets, le royaume de Siam, le Laos et les peuples de la vallée du Mekhong, qui ont toujours été tributaires de l'Annam, deviennent la proie des Anglais et soient englobés dans leur orbite. En outre, nous ne devons pas oublier qu'en admettant, ce qui n'est pas probable, que cette voie ferrée s'exécute, nous n'aurons qu'à en construire une à travers le Tonkin, qui sera moitié plus courte que celle du Yun-nan à Maulmain, que nous pourrons surveiller, et qui sera encore la meilleure voie de communication pour le trafic entre l'Europe et les provinces du Sud-Ouest de la Chine.

khong et le Yun-nan, comme des dépendances de la Grande-Bretagne, sont d'excellents motifs pour que nous ouvrions à ce sujet, avant que la commission de délimitation n'ait achevé son travail, des négociations avec le cabinet de Pékin, et que nous lui demandions de nous confier la clé de sa frontière menacée par un ennemi (earth hunger) affamé de terre, qui, après avoir pris plus du septième de la surface du globe, admet comme principe qu'il va de sa dignité de prendre partout et toujours, ses poches étant assez larges pour contenir à l'aise tout l'univers.

Il nous semble que jamais nous ne trouverons une circonstance plus favorable pour former avec la Chine une union sincère et profitable aux deux pays. Imprimant à notre diplomatie une direction nouvelle, nous devons essayer de nous faire, en quelque sorte, les amis, les alliés de cet empire, afin d'en obtenir les avantages qui sont les corollaires de l'occupation du Tonkin. La France et la Chine ont le même intérêt à s'opposer aux envahissements de l'Angleterre qui menace d'absorber l'Asie orientale.

« Le jour où l'Angleterre, écrivait, il y a un an, M Paul Deschanel, mettrait le pied sur le trône du roi de Birmanie, notre autorité dans la partie orientale de la presqu'île subirait une réelle atteinte. Car si nous ne prenions nos précautions, les Anglais, une fois établis au Xien mai, seraient au moins moralement maîtres de la vallée du Mekhong et de l'importante position de Luang-Prabang (tributaire de l'Annam). Coupés ainsi du grand fleuve indo-chinois, menacés de voir, si l'on ne se préoccupe pas plus activement de Siam, l'Angleterre accaparer le protectorat de ce royaume et amener ses canonnières sur le grand lac du Cambodge, (que notre imprévoyance a si maladroitement laissé couper en deux par une frontière fictive) notre situation dans l'Annam serait bien diminuée. »

« Nos rivaux, maîtres de la Birmanie, du Laos, de Siam et des principaux points de la frontière chinoise, réduiraient nos colonies à l'impuissance, à la stérilité. Les milliers de vies françaises et les centaines de millions enfouis par nous dans l'Indo-Chine, deviendraient inutiles et quelle honte sur notre nom dans ces mers ! »

Cet antagonisme entre deux peuples qui ont tant d'intérêts communs, aussi bien en Europe qu'en Asie, est extrêmement regrettable, mais nous ne pouvons pas sacrifier ce que nous avons acquis au prix de tant de sacrifices, pour complaire à des ingénieurs ambitieux ou à des marchands trop avides, qui, pressentant que dans un avenir prochain une révolution économique va ouvrir définitivement au monde les grands marchés de l'Extrême-Orient, veulent être seuls aux premières places pour en profiter. Ils ont oublié, dans leur aveuglement, que c'est à notre union qu'ils doivent les avantages commerciaux dont ils jouissent dans l'Extrême-Orient depuis 1858, et ils se trompent s'ils croient qu'en excitant les Chinois contre nous, comme ils l'ont fait depuis deux ans, en nous froissant maladroitement par leurs écrits, en empiétant sur nos droits territoriaux, et en manifestant leurs appétits insatiables, ils avanceront par ces moyens inqualifiables ce grand mouvement, sur lequel ils comptent, peut-être *à tort* [1], pour développer leurs richesses et leur puissance. La Chine a des yeux et la France, malgré ses divisions intestines, est de taille à se faire respecter. Nous sommes loin de 1761. *Sol lucet omnibus.*

V

AMÉNAGEMENT DE NOS NOUVELLES POSSESSIONS

Quand l'organisation politique, administrative de notre établissement sera mis à l'abri de tout danger du dehors et du dedans, il nous restera à en faire une colonie de rendement. — *Hoc labor, hic opus erit.* — C'est là que sera l'embarras, la difficulté.

Les hommes politiques et les économistes sont unanimes pour reconnaître que de tous les éléments nécessaires à la prospérité des colonies nouvelles, il en est un qui tient le premier rang ; la préparation c'est-à-dire l'ensemble des travaux de défrichement, de terrassement, de routes.

Il est évident que, pour que nos nouveaux établissements deviennent des débouchés sérieux pour notre commerce et notre industrie, nous aurons d'abord à y ouvrir des voies de communication qui, presque partout, font défaut, à améliorer celles qui existent, à y creuser des ports, des canaux, à y construire des docks, des entrepôts, des casernes, des chemins de fer, à défricher les millions d'hectares qui ne produisent rien encore, à changer le système de culture des indigènes, à étudier les forêts et les mines qu'il conviendra d'exploiter, à jeter les bases d'établissements industriels, à créer, en un mot, tout un outillage agricole, commercial et industriel, base de toute colonisation. Or, la création de cet outillage coûte fort cher; il résulte d'un calcul fort intéressant de M. Le Myre de Vilers, notre ancien gouverneur de la Cochinchine, que les frais de premier établissement d'une colonie varient de 125 francs à 1,000 francs par tête, et que l'Annam et le Tonkin, en estimant la dépense sur la base de 100 à

[1] Le jour où les Chinois consentiront à ouvrir leurs barrières séculaires au génie progressiste des nations civilisées, il y aura beaucoup à faire pour les capitalistes, ingénieurs et savants du monde entier. Mais qu'arrivera-t-il quand l'empire sera sillonné de voies ferrées, que ses mines de charbon, de fer, seront ouvertes, que des usines, des manufactures seront établies partout, avec la main-d'œuvre très abondante et à très bon marché ? Nous le demandons aux marchands et industriels anglais.

150 francs par tête d'habitant, nécessiteront au moins 2 milliards de frais pour qu'ils puissent nous rapporter quelque chose.

Qui fera ces dépenses ? La colonie est trop pauvre encore pour pouvoir s'en charger avec ses propres ressources, et inspire trop peu de confiance pour avoir recours à l'emprunt, comme la Nouvelle-Zélande ; il ne faut pas compter non plus sur l'initiative privée de nos colons et capitalistes, qui n'iront pas plus au Tonkin qu'ils ne sont allés en Cochinchine, tant que l'État n'aura pas assuré la sécurité du pays, qu'il n'aura pas pris des mesures pour protéger le commerce et l'industrie contre la concurrence étrangère, contre l'apathie ou la mauvaise volonté des indigènes, et que le terrain n'aura pas été préparé pour recevoir leurs capitaux, de manière à leur permettre de fructifier en travaillant.

Cette charge incombe donc à l'État. C'est à lui qu'il appartient de prendre les mesures protectrices que réclament notre commerce et notre industrie, et de créer l'outillage, sans lequel une colonie ne peut que coûter à sa métropole sans rien lui rapporter. Pour protéger le commerce français, c'est-à-dire pour ouvrir notre établissement aux produits français, sans le fermer aux produits étrangers, il n'y a que des mesures douanières protectrices. Jusqu'à présent, ce qui est triste à constater, nous ne vendons à ces pays aucun des produits européens qu'ils consomment, et nous sommes obligés d'avouer que nous ne pouvons lutter contre les Anglais ou les Américains pour la fabrication à bon marché de la plupart de ces produits.

Le premier objet d'échange dans l'Indo-Chine, c'est le coton filé ou tissé ; il est vendu par l'Angleterre seule. En 1880, les filés de coton figurent, aux états de douane de Haïphong, pour une somme de 1,700,000 fr. (ils sont tissés par les métiers indigènes et les tissus de coton pour une somme de 540,000 fr. Les uns et les autres viennent de Manchester. La fabrique française ne peut lutter. C'est ainsi qu'on vend au Tonkin une cotonnade grossière, de mauvaise qualité, dont on compte presque les fils à l'œil nu, tellement ils sont peu serrés, mais qui est très demandée par les indigènes. Elle coûte à *Manchester* 7 centimes 1/2 le mètre, à Rouen 24 centimes : la différence est, on le voit, sensible — 100 m. de cotonnade anglaise valent 7 fr. 50, alors que 100 m. de cotonnade française valent 24 fr. Cet écart considérable persiste ou à peu près dans toutes les qualités. C'est ainsi que Manchester donne d'excellents tissus à 24 centimes le mètre, alors que Rouen fournit à peine le même à 39 centimes. Il en est naturellement de même pour les fils de cotons.

Pourquoi une différence aussi considérable existe-t-elle entre les fabriques françaises et anglaises? Les causes sont multiples, et l'on ne saurait toutes les indiquer. Toutefois, l'on peut faire deux remarques. Les frais généraux sont plus élevés en France qu'en Angleterre, puis, chose plus importante, il y a en France un droit d'entrée sur les filés de coton importés d'Angleterre ou de Belgique pour être transformés en tissus. N'est-il pas évident que le prix des tissus français est dès lors majoré de la valeur du droit qu'a acquitté ce fil ?

Les draps anglais sont également meilleur marché que les draps français, il en est de même des velours. C'est ainsi que la fabrique à Amiens ne peut vendre moins de 1 fr. 75 des velours de coton que Manchester livre à 1 fr. 05 le mètre.

On peut en dire autant au sujet des verres, coucous, lampes à pétrole, allumettes, etc., fournis par l'Amérique, l'Allemagne et la Suède.

Ce n'est pas tout... Tous ceux qui connaissent les marchés de l'Extrême-Orient savent qu'un négociant de l'Indo-Chine qui veut importer des cotonnades, aura plus de facilités à les acheter à Hong-Kong ou à Singapoure, qu'à les faire venir de France ou même d'Angleterre directement. La raison en est bien simple. C'est que Singapoure et Hong-Kong sont des marchés considérables, en relations journalières avec les expéditeurs anglais. Ces derniers donnent ces cotonnades comme frêt de retour aux nombreux navires qui portent à Londres, la soie, le thé, l'indigo, etc. Le frêt est donc toujours assuré, le stock considérable est constamment renouvelé.

Ainsi, nos fabricants ne peuvent lutter contre la concurrence étrangère, et quand on vient leur demander pourquoi ils ne changent pas leur outillage, pour fabriquer à meilleur marché des tissus, et confectionner des articles conformes aux usages, aux habitudes des indigènes, ils répondent avec raison : Nous ne le pouvons pas parce que nos produits ne sont pas assez protégés, et que la consommation n'est pas encore assez grande pour tenter de pareils essais, qui ne pourraient qu'être ruineux pour nos intérêts.

Reste à examiner quelles seraient les mesures douanières, les plus efficaces, pour protéger temporairement nos produits.

On peut ou frapper de droits très élevés les produits de toutes provenances et stipuler en faveur des produits d'origine française, comme c'est le projet du gouvernement, une détaxe de 75 0/0, ou bien conserver cette détaxe et les droits de 5 0/0 *ad valorem*, tels qu'ils sont imposés au Tonkin, ou bien encore stipuler, en vertu de ce principe, que les colonies sont des annexes de la France, que les produits français seront reçus dans notre colonie en toute franchise, ce qui n'empêcherait pas les marchandises étrangères de subir une taxe élevée...

Cette question qui ne peut être résolue légèrement à cause de la multiplicité d'intérêts qui sont en jeu et des dangers qu'elle peut présenter au point de vue des représailles, mérite d'être étudiée avec soin par nos hommes les plus compétents, et surtout par nos chambres de commerce les plus intéressées.

Une autre protection que réclame notre commerce, c'est contre la concurrence des Chinois qui ont monopolisé le trafic intérieur et extérieur, aussi bien en Cochinchine, que dans l'Annam, le Cambodge et le Tonkin. Ce sont eux qui, presque partout, exercent la plupart des métiers et qui font tout le commerce. Laborieux, économes, se contentant d'un maigre salaire et d'un faible bénéfice, vivant de quelques poignées de riz, ils rendent impossible toute concurrence européenne. Seulement, nous nous demandons si cette protection est possible et serait avantageuse au point de vue des intérêts généraux.

De tous temps les Chinois ont immigré dans les pays de l'Indo-Chine, et à cela il n'y a rien d'étonnant, car ils y retrouvent leurs mœurs, leur religion, en un mot, leur civilisation. Ces enfants de tous les climats, dont la robuste stature, supérieure aux rigueurs de la nature, semble faite pour résister aux travaux les plus pénibles dans tous les pays, sont nés agriculteurs et deviennent industriels ou commerçants par l'aptitude et la volonté. Ils sont les meilleurs ouvriers pour défricher les forêts, exploiter les mines, construire des routes. Ingénieux et souples, ils possèdent vite la langue des naturels, ne se rebutent jamais et ne tardent pas, partout où ils vont, à accaparer le commerce de détail. De plus, colonisateurs par excellence, ils disposent de deux puissants leviers, les bras et l'argent, qu'ils trouvent en abondance chez eux pour n'importe quelle entreprise. C'est donc sous un rapport un élément de colonisation on ne peut plus précieux. D'un autre côté, en contact avec la race blanche, la défaite de celle-ci est certaine, puisque l'autre a pour elle des besoins moindres et qu'elle prospère là où le blanc ne trouve même pas de quoi subsister. De plus, le Chinois ne se fixe nulle part, et quand sa fortune est faite, il emporte en Chine tout ce qu'il a gagné. En outre, il peut être dans un pays comme l'Indo-Chine, une source d'embarras et de périls si l'on ne le maintient pas dans de justes limites.

Ils sont déjà environ 60,000 en Cochinchine, 40,000 au Cambodge, 40,000 dans l'Annam et 60,000 au Tonkin.

Partout, comme nous l'avons dit, ils sont maîtres du commerce et de l'industrie, c'est regrettable d'un côté, mais, d'autre part, nous ne devons pas oublier que, dans ces pays presque neufs, le négociant chinois est utile. Par sa connaissance intime du caractère et des besoins de la population indigène, par ses rapports faciles et journaliers avec elle, par la facilité qu'il a de la pénétrer, il est beaucoup plus apte que l'Européen à rechercher et à recueillir tous les produits, et par conséquent à élargir le marché, à lui donner de l'élasticité, à fournir un aliment au commerce d'exportation ; il n'est pas douteux qu'il soit seul capable d'entreprendre le commerce de détail, de faire pénétrer les produits importés jusque dans les dernières couches de la population, et aussi le plus apte à faire connaître ses goûts et ses besoins. L'Européen ne peut remplir ce rôle pas plus que l'indigène qui n'est pas assez avancé.

Vouloir, par des mesures prohibitives très difficiles à appliquer, lui enlever le monopole du commerce qu'il a su accaparer, serait à notre avis très impolitique, surtout dans le principe, où cet élément peut nous être de la plus grande utilité comme intermédiaire avec les indigènes, ou avec les négociants de son pays, avec lesquels nous serons obligés d'avoir tant de relations que nous avons intérêt à développer le plus possible.

Il se passera encore un certain temps avant que nous puissions, comme en Chine, traiter directement avec les indigènes, et jusque-là nous aurons avantage à nous servir des Chinois comme intermédiaires, tant au point de vue de la sécurité qu'à celui de la prompte et bonne exécution des commandes.

Le Chinois peut nous être également très utile pour opérer des défrichements, des constructions de routes, des exploitations de forêts et de mines, en un mot, pour les rudes et pénibles travaux. Ils savent admirablement organiser le travail à la tâche et se contentent d'un modique salaire. Leur travail est même assez régulier, à la condition d'être surveillé avec soin. Rien ne peut être plus séduisant pour une colonie qui possède tant de terres incultes que d'avoir sous la main des travailleurs tout venus sans qu'il lui ait rien coûté pour les nourrir et les élever. Mais à côté de tout cela, il y a le revers de la médaille.

Énergiques, restant toujours chinois de cœur, affiliés presque tous à des sociétés secrètes, ils ont besoin d'être surveillés sans cesse, et nous ne devons jamais perdre de vue qu'une trop grande agglomération de Chinois dans le pays y serait un danger politique perpétuel. Nous devons aussi faire en sorte qu'ils n'absorbent pas la colonie tout entière au détriment des indigènes devenus Français et que nous avons mission de protéger. Le problème consiste donc à trouver le moyen de conserver cet élément utile, et de nous en servir sans qu'il puisse nuire à notre grand commerce et au développement de l'industrie indigène.

Nous avons dit précédemment que l'agriculture dans l'Indo-Chine française s'était jusqu'à ce jour restreinte à faire du riz et rien que du riz, article pauvre, qui n'enrichit pas le producteur et qui n'est pas un objet d'échange assuré avec l'Europe ; nous avons ajouté également que tous les essais industriels tentés sur une certaine échelle par les Européens en Cochinchine avaient échoué par l'apathie ou le mauvais vouloir des indigènes. Si nous voulons que l'agriculture procure aux habitants l'aisance et le bien-être dont ils sont privés, et que la grande industrie puisse se créer, il importe donc que des mesures soient prises pour remédier à ce fâcheux état de choses.

Or, nous ne croyons pas qu'il y ait de meilleurs moyens que d'encourager le plus possible les cultures riches en exonérant, par exemple, les terres qui leur seront consacrées, de l'impôt foncier, pendant un certain temps. Il serait indispensable aussi que dans les centres agricoles où sera créé un établissement sucrier, les communes ou populations fussent astreintes à lui fournir les cannes dont il aura besoin suivant des contrats libres passés entre les communes, la population et le propriétaire de l'établissement.

VI

CRÉATION D'UNE GRANDE COMPAGNIE

Quand ces mesures de premier ordre, que réclament nos intérêts dans l'Indo-Chine, auront été prises, il restera encore à tirer parti des ressources du pays, à créer l'outillage agricole, industriel et commercial, indispensable, à mettre le pays en valeur, à jeter les bases de la grande agriculture et de la grande industrie et à pourvoir au déficit qui se produira, chaque année, dans le budget pendant la période de préparation, ainsi qu'aux dépenses de souveraineté de la métropole qui s'élèveront, si nous persistons dans nos errements, au moins à 40 millions pour l'entretien de l'armée européenne, de la marine et de l'armée indigène tonkinoise. Il faudra ajouter à cette somme, les dépenses du protectorat du Cambodge et de l'Annam et celles qui seront nécessaires pour améliorer la situation économique de ces deux pays, ou faire face à leurs besoins journaliers.

Qui se chargera de tous ces frais, qui créera l'outillage, qui mettra le pays en valeur ? La métropole ne le peut. Les Chambres ne consentiront pas à voter chaque année des sommes aussi considérables pour l'Indo-Chine ; d'un autre côté, il ne faut pas compter sur l'initiative privée et le gouvernement ne peut se faire ni agriculteur, ni industriel, ni commerçant, comme en Hollande. Il ne peut sous un régime républicain, ni exploiter, ni vendre. Mais il peut, déléguer ce soin à une grande compagnie organisée sur des bases démocratiques, qui se chargera, avec son appui et même associée avec l'État s'il le désire, prêter à la colonie toutes les sommes dont elle aura besoin pour équilibrer son budget, lui venir en aide pour augmenter ses revenus, et diminuer ainsi les dépenses de souveraineté, créer l'outillage agricole, commercial et industriel, et développer sur une large échelle les ressources du pays.

« Aux mains gouvernementales, nos colonies et surtout le Tonkin seront toujours de ruineuses entreprises. Mais qu'il se forme une Compagnie d'Indo-Chine, dont le capital soit au moins de 500 millions, que, reconnue d'utilité publique, elle soit libre d'agir sans intervention bureaucratique, et le rêve d'expansion coloniale ne sera plus un attrape-nigaud. »

L'utilité, ou plutôt la nécessité de la création de cette grande Compagnie, est incontestable. Or, nous sommes heureux, de dire qu'après deux ans de laborieux efforts, nous sommes parvenu avec l'appui d'un certain nombre de membres du Parlement, de présidents de nos principales Chambres de commerce, Paris en tête, et de représentants de la haute finance, à jeter les bases de cette association, et qu'elle n'attend plus pour se constituer définitivement que la sanction du gouvernement auquel elle demande comme avantages spéciaux et comme garanties :

1° L'exemption pendant   années de l'impôt foncier sur toutes les concessions de terres, forêts domaniales et mines vacantes dans l'Indo-Chine française qui lui auront été allouées par l'État, en même temps que l'exonération de tous droits et taxes quelconques sur tout ce qui sera importé par la Compagnie pour ses exploitations agricoles et industrielles. Durant cette période de temps, les produits des terres, forêts domaniales et mines pourront être exportés librement sans aucun impôt ;

2° La ferme du sel ;

3° Le privilège d'établir au Tonkin, dans l'Annam et le Cambodge, une banque d'émission de prêt et d'escompte, jouissant des droits et privilèges conférés à la banque de l'Indo-Chine par le décret du 21 janvier 1875 ;

4° Le remboursement par l'État de tous dommages ou pertes causés par guerre, abandon ou cession de territoire.

5° La Compagnie demande, en outre, que les cultures riches soient encouragées dans l'Indo-Chine, qu'à cet effet les terres qui leur seront consacrées soient exemptes de l'impôt foncier, et que dans les centres agricoles où la Compagnie aura fondé un établissement sucrier, les communes ou populations soient astreintes à lui fournir les cannes dont elle aura besoin, suivant des contrats passés entre les communes, les populations et la Compagnie ;

6° La Compagnie demande que les produits français jouissent d'une détaxe ou remise de 75 0/0 sur les droits de douane qui frapperont leur importation dans l'Indo-Chine, et que la même faveur soit accordée à la Compagnie pendant   années pour les produits indigènes exportés par elle ;

7° Qu'elle soit autorisée, en raison du but patriotique qu'elle poursuit, à prendre le nom de Compagnie nationale de l'Indo-Chine française.

La Compagnie offre à son tour :

1° De prêter à la colonie du Tonkin (ou à l'Etat si nous reculons devant l'annexion) les sommes dont elle aura besoin pour équilibrer son budget, jusqu'à concurrence de   moyennant un intérêt annuel de   pour cent et d'exécuter, pour son compte et sous certaines conditions, les travaux publics dont l'utilité aura été reconnue.

2° De créer et exploiter les voies ferrées qu'il plaira à l'Etat de faire exécuter, moyennant une garantie d'intérêt de   par an.

3° D'opérer pour le compte de l'État, et avec le concours et l'appui de l'administration, le recouvrement de l'impôt foncier, moyennant une indemnité à fixer.

4° D'exploiter, en dehors de ses propres exploitations, au nom de l'État, les terres, forêts domaniales et mines qu'il voudra faire mettre en valeur.

La Compagnie se chargera, sous le contrôle et avec l'appui du gouvernement, de toutes les dépenses de culture et d'exploitation, ainsi que de la vente des produits ; le quart des bénéfices sera réservé à l'État, après prélèvement d'un intérêt de   , qui sera garanti aux actionnaires. Les terres, forêts et mines exploitées par la Compagnie dans ces conditions, et leurs produits, seront exempts de tous impôts, taxes ou droits, et appartiendront en toute propriété à la Compagnie, après   années d'exploitation.

Comme on a pu en juger par ce qui précède, les desiderata de la Compagnie en voie de formation, et qui n'attend plus, pour se constituer, que la sanction du gouvernement, sont très modestes.

Elle ne demande aucun monopole pour ne pas froisser l'esprit démocratique du pays ; elle demande simplement qu'on lui accorde quelques avantages ou privilèges et des garanties sans lesquelles, dans ces temps troublés où nous ne savons ce que nous ferons le lendemain, et surtout après les projets d'abandon conçus et formulés dans ces derniers temps, il lui serait impossible de réunir les capitaux français nécessaires pour une pareille entreprise.

Examinons, d'un autre côté, ce qu'elle offre à l'État.

La colonie du Tonkin, à laquelle elle prêtera les sommes dont elle aura besoin pour équilibrer son budget, et qui pourront être remboursées au moyen de l'excédent des recettes dont la certitude est assurée, pourra ainsi, en ne payant que l'intérêt de cet emprunt, sans rien demander au Trésor public, créer son outillage agricole, commercial, industriel indispensable à tout établissement en voie de formation, et prendre à sa charge une partie des frais d'entretien de l'armée indigène dont le restant incombera à la Cochinchine, de telle sorte que la métropole n'aura plus qu'à couvrir les dépenses de souveraineté qui, comme nous l'avons dit plus haut, s'élèveront environ à 20 millions pour les 17,500 hommes de troupes européennes et la marine.

D'un autre côté, en confiant à la Compagnie la perception de l'impôt foncier, en augmentant quelques droits de douane. en ajoutant à d'autres recettes faciles à trouver sans porter atteinte aux intérêts des populations, le monopole de la vente de certains produits ou denrées, comme dans l'Inde Néerlandaise, on pourra arriver à ce que le Trésor public ne débourse plus un centime pour nos établissements de l'Indo-Chine, et reçoive même annuellement une subvention dont le montant augmentera à mesure qu'ils se développeront et prospéreront.

Cette association que la Compagnie propose, ne peut qu'être avantageuse à l'État ; dans l'exploitation des terres, forêts et mines qu'il désirera faire mettre en valeur, il n'aura ni frais, ni déboursés ; la Compagnie lui demande simplement que pour la part des bénéfices qu'elle lui donnera, un intérêt de... soit garanti pour toutes les sommes consacrées à ces exploitations.

Voilà d'abord ce que gagneront la colonie et l'État.

Quant au commerce et à l'industrie en général, ils ne pourront moins faire que de prendre de l'extension à mesure que l'aisance et le bien-être qui résulteront de cette transformation économique du pays, pénètreront dans les populations dont le nombre augmentera inévitablement.

Les particuliers ou sociétés françaises qui voudront faire valoir leurs capitaux dans l'Indo-Chine, loin de rencontrer un obstacle dans la Compagnie, trouveront au contraire en elle un élément de réussite. — Les indigènes à leur tour, sortis de leur état de misère, modifieront par une nouvelle éducation, leurs mœurs, leurs goûts, leurs habitudes. La Compagnie leur donnera des centaines de millions en échange de leurs produits ou de leurs travaux, et la part de chacun, propriétaire, cultivateur, ouvrier, sera assez belle pour contenter les plus exigeants.

Enfin, la Compagnie elle-même ne sera pas moins bien partagée ; avec ses puissants capitaux et l'appui du gouvernement intéressé directement à la voir réussir, elle pourra faire, à la fois, et dans les meilleures conditions, de la grande culture, de la grande industrie, du grand commerce, et de la grande banque.

Les éléments de production et de travail seront tellement abondants qu'elle aura l'embarras du choix, et elle devra être, dans le principe, très prudente pour éviter de faire des écoles qui, en dehors de la perte de temps, coûtent fort cher.

Pour les exploitations agricoles, elle trouvera plus de terres domaniales qu'elle n'en pourra cultiver. — Sur quarante millions d'hectares formant environ la superfice de notre établissement, plus de trente-trois millions sont encore à défricher. — En outre, combien de propriétaires indigènes pressés par le besoin seront heureux de lui vendre une partie de leurs terres !

Or, toutes ces terres peuvent produire comme on le sait, du sucre, du café, qui ont fait la fortune de l'Inde Néerlandaise, du thé, de l'indigo, des mûriers, du coton, du blé, du cacao, du tabac, etc., etc.

Il est vrai que quelques-unes de ces productions, telles que le sucre, le café, l'indigo, ne donnent pas au cultivateur ou au fabricant un rendement aussi avantageux qu'autrefois. — Mais les bénéfices de ces exploitations sont encore rémunérateurs dans ces pays, si l'on en juge par cet extrait d'une lettre que nous écrivait dernièrement un des Hollandais les plus compétents dans cette question. « Grâce au bon marché et à l'abondance de la main-d'œuvre, même aux prix actuels, les usines bien installées à Java pour la fabrication du sucre, quoique cette matière paie un droit d'exportation et que les propriétaires de ces usines ne reçoivent pas de subvention du gouvernement, peuvent non seulement vivre, mais satisfaire leurs propriétaires. » Du reste, la meilleure preuve de ce fait, c'est que l'exportation du sucre de Java n'a fait qu'augmenter chaque année ; dans l'Indo-Chine française, cette industrie présentera encore cet avantage que la plus grande partie du sucre fabriqué sur les lieux pourra être vendue soit dans le pays, soit en Chine ou à Hong-Kong où il trouvera presque constamment un bon placement.

Il en est de même de la culture du café qui vient très bien dans l'Indo-Chine où se trouvent, comme dans l'Inde Néerlandaise, un grand nombre de plateaux dont le sol et l'altitude conviennent à la culture de cette précieuse plante.

Nous engageons les personnes qui voudront se rendre compte de l'intérêt qu'on attache actuellement dans l'Inde Néerlandaise à cette culture, à lire l'intéressant ouvrage que vient de publier M. Van Dolden Laerne sur la culture du café en Amérique, Asie, Afrique.

Ils verront les sacrifices que l'on se propose de faire pour augmenter, « assurer l'avenir et la prospérité de la culture du café à Java ».

Une autre culture qui est appelée à un grand avenir dans l'Indo-Chine française, est celle du mûrier pour l'élève des vers à soie.

D'après M. F. Pilat, l'exportation des soies du Tonkin pourra donner à l'exportation un aliment au moins égal à celui de la province de Canton, et sans attendre longtemps atteindra au moins le chiffre de 15,000 balles de 500 kilos, représentant une valeur d'environ 200 millions de francs.

Il existe un grand nombre d'autres cultures que la Compagnie pourra essayer, parmi lesquelles nous citerons celle du thé, du cacao, de l'ortie de Chine (urtica nivea) qui a très bien réussi aux Philippines, du blé qui poura être obtenu à aussi bon prix que dans l'Inde, et qui donne deux et même trois récoltes par an, du tabac dont la vente des produits pourra s'effectuer sur les lieux si l'Europe n'en veut pas, du pavot à opium dont la culture est regardée par les Chinois, comme deux fois plus productive que celle du blé et du riz, de l'arbre Song-chou qui donne l'oléo-résine, désignée sous le nom d'huile à laquer, du cunao ou faux gambier qui produit une teinture dont la valeur sur place est de 100 fr. la tonne, de l'ilicium anisalum, d'où l'on extrait l'huile de badiane, de la cannelle, de la vanille, de l'arachis hypogea, du ricin, de la vigne, du quinquina, etc. [1]...

Une autre source de revenus pour la Compagnie sera l'exploitation des forêts où l'on rencontre les plus beaux bois de construction et d'ébénisterie. Seulement cette question n'a pas encore été assez étudiée pour établir des bases un peu certaines de leur véritable valeur, d'autant plus que comme nous l'avons vu au Centre Amérique où se trouvent également les essences les plus précieuses, cette richesse naturelle est improductive, parce que les frais d'exploitation, faute de voies de communication, dépassent le rendement. Tout ce qu'on peut dire, pour le moment, c'est que la création de scieries mécaniques pourra être utilisée avantageusement, le bois manquant à Hong-Kong et ailleurs.

Les ressources minières sont, dit-on, abondantes au Tonkin, mais elles sont trop imparfaitement connues pour que la Compagnie puisse d'avance prévoir ce qu'elle en retirera. On sait, il est vrai, d'après des documents trouvés à la prise de la citadelle de Hanouï, qu'il existe au Tonkin 34 mines d'or, payant une redevance annuelle très faible à Hué, 14 mines d'argent, 1 mine de mercure, 1 mine d'étain, 8 mines de cuivre, 3 de plomb, 6 de zinc, 3 de fer et 20 de nitre et de soufre. Les travaux remarquables de MM. Fuchs et Saladin ont fait connaître également, qu'il y a des mines de houille importantes au Tonkin, mais, en même temps, que la consommation présumée du combustible, dans l'Extrême-Orient, ne dépassera pas annuellement 200,000 tonnes. D'après leur calcul, le rendement net de l'exploitation de ces gîtes houillers ne sera pas moindre de 2 millions par an. Ces Messieurs ont donné aussi des renseignements très intéressants sur le gîte de fer de Pnom-dech au Cambodge. La mise de fonds totale à prévoir pour la mise en exploitation de ce gîte et la création des usines avec leurs fonds de roulement, est évaluée à 7 millions de francs environ. La production annuelle est estimée à 20,000 tonnes d'acier Bezemère. Le prix moyen du fer d'Europe en Cochinchine est de 70 à 80 francs les 100 kilos.

La Compagnie pourra, tout en commençant l'exploitation de ces deux gîtes, rechercher les autres ressources minières du pays. Quelques personnes qui ont étudié la question sur les lieux, sont d'avis que l'élevage du bétail en Cochinchine et au Tonkin pourra être lucratif. D'après un travail détaillé, que nous avons sous les yeux, de M. Jauer (1880), le capital engagé au début de l'exploitation, additionné des dépenses successives, représente une somme de 38,280 francs qui, au bout de 5 ans, a produit un bénéfice de 32,585 francs ; l'exploitation au bout de 5 ans est arrivée juste au

---

[1] Nous nous proposons de publier prochainement un travail que nous avons fait sur toutes les productions pouvant être cultivées dans l'Indo-Chine et sur les avantages à en retirer.

moment où elle commence à devenir réellement productive, c'est à dire à l'époque où l'on pourra fournir annuellement des bœufs à la boucherie.

La Compagnie, en dehors des exploitations dont nous venons de parler, aura la ressource, avec ses nombreux capitaux, d'utiliser les produits de ses terres ou les matières premières qu'elle achètera dans le pays, au moyen de grands établissements industriels et de manufactures qui les façonneront pour la consommation indigène.

Les indigènes, ouvriers excessivement habiles, apprendront, de même que les Chinois, vite à travailler sous les ordres et la direction de contre-maîtres français. La matière première étant aux portes de la manufacture, la main-d'œuvre à très bas prix, les cotonnades ou les soieries ainsi fabriquées se vendront certainement à meilleur marché que les produits similaires importés d'Europe. On sait que les Anglais ont beaucoup fait dans l'Inde dans cet ordre d'idées.

Au Tonkin, le coolie et l'ouvrier, les travailleurs en un mot, abondent ; la femme fait concurrence à l'homme et a autant d'aptitude que lui pour tous les métiers, il résulte que la main-d'œuvre tonkinoise est la moins chère du monde entier. L'ouvrier des campagnes gagne 3 à 4 sous par jour non nourri, celui des villes 5 et 6 sous (Notices coloniales).

Une preuve de l'excellence et du bon marché de la main-d'œuvre dans l'Extrême-Orient, c'est que les directeurs de la Grande Maison Américaine qui fabrique les machines à vapeur Corlins, effrayés des prétentions toujours croissantes de leurs ouvriers ont été créer, il y a environ 2 ans, des ateliers en Chine. Ce sont des ouvriers chinois qui fabriquent leurs machines, puis elles sont embarquées et expédiées aux Etats-Unis. Le transport et les droits de douane payés, les directeurs réalisent encore des bénéfices suffisants.

Le champ industriel dans l'Indo-Chine n'est pas limité pour la Compagnie. Ce sera à elle à étudier les entreprises les plus profitables et les plus sûres.

« Bien que le Delta du Tonkin soit coupé dans tous les sens par
» des arroyos, par des canaux, des rivières et des fleuves, les
» communications pour se rendre d'un point à un autre dans l'in-
» térieur du pays sont encore très difficiles. Les habitants ne
» connaissent pas l'usage des véhicules, ils transportent leurs
» denrées et leurs produits de tous genres à dos d'hommes.

» C'est au gouvernement à établir, dans l'intérêt général, des
» transactions commerciales, un système de routes carrossables
» dont certains points d'attache se relieront aux correspondances
» par bateaux. Il arrivera promptement à ce résultat sans dé-
» penses exagérées en utilisant les sentiers, les digues, les routes
» actuelles. » (Ch. FILLION.)

Mais avant tout, ce qui s'impose, c'est la création d'un service régulier de bateaux construits spécialement pour la navigation fluviale. Si les communications par mer au Tonkin sont suffisamment assurées du côté de Hong-Kong et de la Chine dans la direction de Saïgon, il n'en est pas de même dans l'intérieur du Tonkin ; les premiers négociants établis dans le pays, Européens et Chinois, ont bien acheté quelques bateaux à vapeur qui transportent entre Saïgon et Hanouï des marchandises et des passagers, mais ces petits vapeurs achetés d'occasion sont assez impropres à la navigation du fleuve Rouge où le niveau de l'eau change constamment. De plus, ils ne desservent que quelques places du Delta. Or, il faudrait que tous les points de quelque importance fussent desservis par de bons steamers de rivière, construits de manière à pouvoir naviguer en toute saison.

Pour assurer convenablement un service journalier ou semi-journalier dans le Delta et l'archipel de Kouang-yen, il faudrait 12 à 15 vapeurs de différents modèles et dimensions, genre américain, construits comme ceux qui desservent les affluents du Mississipi et du Missouri.

Le capital pour la construction et l'armement de cette flotte serait au moins de 7 à 8 millions, mais la batellerie indigène n'existant pour ainsi dire pas, l'entreprise à créer pourrait compter sur des profits sérieux et immédiats. En dehors du frêt, il y aura encore un grand nombre de passagers à transporter. L'expérience faite en Chine et en Cochinchine montre que les indigènes voyagent beaucoup pour leurs affaires, quand ils peuvent le faire facilement et à peu de frais.

C'est à la Compagnie qu'incombera cette création de même que la construction et l'exploitation des voies ferrées à mesure que la nécessité s'en fera sentir. Là encore, elle aura d'importants bénéfices à réaliser.

Au milieu de nombreuses richesses naturelles, le cultivateur tonkinois est presque toujours pour diverses causes dans un état voisin de la misère ; aussi est-il souvent obligé de faire des emprunts pour atteindre la récolte. Son prêteur ordinaire est le Chinois qui prélève un intérêt variable de 50 à 150 0/0. On comprend que dans de telles conditions une banque jouissant du même privilège que celle de l'Indo-Chine ait toutes chances de réussite par des prêts sur récoltes ou sur nantissement de marchandises.

Le capital social de la banque de l'Indo-Chine, constituée en 1875, est de 8 millions. Nous croyons que le capital de la banque de l'Annam et du Tonkin devra être porté à 20 millions et qu'elle rapportera, comme celle de l'Indo-Chine, un intérêt minimum de 12 fr. 50 pour 100 du capital engagé.

Il reste à dire quelques mots des opérations commerciales que la Compagnie pourra entreprendre sous sa responsabilité. Un vaste champ, illimité pour ainsi dire, sera ouvert devant elle; il est évident, qu'avec ses puissants capitaux, sa flotte, son établissement de crédit, ses moyens d'action, elle pourra entreprendre n'importe quelle opération, sans crainte de la concurrence étrangère, mais nous pensons qu'il sera beaucoup plus prudent et plus sage, de sa part, de se borner à des opérations ayant toutes chances de réussir, et de ne jamais rien engager au hasard. Tout en faisant ses efforts pour enlever aux commerçants chinois certains monopoles qu'ils ont su accaparer, elle fera preuve d'habileté et de patriotisme, en leur laissant, aussi qu'aux maisons françaises établies dans l'Indo-Chine, les bénéfices des importations des marchandises françaises qui, protégées par des droits différentiels de 75 0/0 pourront, espérons-le, lutter contre la concurrence étrangère. D'un autre côté, les établissements agricoles ou industriels, fondés dans l'intérieur du pays par l'initiative privée, étant assurés par les dispositions du gouvernement de la même protection que ceux de la Compagnie, il y aura place et profit pour tout le monde. et dans un certain nombre d'années notre établissement colonial, loin d'être une charge onéreuse, sera réellement une source de prospérité pour la métropole.

On peut juger par ce rapide aperçu des profits qui sont réservés à cette grande Compagnie dont le capital social devra être proportionné au but de l'entreprise.

Mais pour que cette œuvre réussisse, il faut en faire une affaire sérieuse, excluant dès le principe toute idée d'agiotage ou de spéculation inavouable.

En outre des fondateurs qui en ont eu la conception et l'initiative, et qui l'ont étudiée sous tous les rapports dans les détails les plus infimes, il faut mettre à sa tête, comme conseil consultatif, les hommes qui représentent plus spécialement les intérêts de nos grandes villes, les présidents des chambres de commerce de Paris, Lyon, Marseille, etc. qui inspirent à tous respec: et confiance par leur situation, leur connaissance approfondie des affaires, leur expérience et leur honorabilité.

Nuls plus qu'eux ne seront à même de recruter un personnel d'élite, de centraliser les renseignements pour les opérations de la Compagnie, d'apprécier les besoins de la colonie et les avantages à en retirer pour leur région, et d'imprimer à la direction générale des affaires la marche la plus prudente, la plus sage, la plus sûre.

Nous ne doutons pas que cette société ainsi constituée, disposant de puissants capitaux, protégée par l'État, associée avec lui dans une certaine mesure, et dirigée par des hommes compétents et capables, ne rende dans un délai rapproché les services les plus signalés au pays et n'atteigne un degré de grandeur et de prospérité incalculable.

Quant à ceux qui attacheront leur nom à cette œuvre éminemment nationale et patriotique, ils auront bien mérité de leurs concitoyens et des générations futures.

En résumé, nous proposons qu'il ne soit pas touché au protectorat du Cambodge, tel qu'il est établi, ni à l'organisation politique et à l'administration de la Basse-Cochinchine ;

Qu'un nouveau traité soit imposé au roi de l'Annam par lequel il reconnaîtra notre protectorat réel et effectif sur l'Annam proprement dit ;

Que le Tonkin, avec ses provinces méridionales, soit annexé à la France et que, dans le cas où le gouvernement de la République reculerait provisoirement devant cette mesure réclamée impérieusement par le soin de nos intérêts, cette contrée soit gouvernée exclusivement par l'autorité française, en conservant toutefois l'administration indigène placée sous le contrôle d'agents français ;

Qu'une armée coloniale soit organisée d'après les bases de l'armée coloniale néerlandaise, et recrutée au moyen d'engagements volontaires avec primes, soit en France, soit à l'étranger ;

Que des mesures soient prises pour protéger efficacement notre commerce dans l'Indo-Chine contre la concurrence étrangère et pour mettre nos établissements à l'abri des intrigues et des agissements des autres nations ;

Que les plus grands efforts soient faits pour que nos relations avec la Chine deviennent de plus en plus cordiales ;

Que les cultures riches et la grande industrie soient encouragées dans l'Indo-Chine française par tous les moyens possibles ;

Enfin, que le gouvernement de la République favorise la constitution définitive d'une grande compagnie en voie de formation, et dont le but est, tout en aidant nos établissements dans la période d'organisation, de les mettre en valeur et de développer leurs ressources, de telle sorte qu'ils puissent coûter le moins possible et rapporter le plus à notre commerce et à notre industrie.

VII

CONSIDÉRATIONS GÉNÉRALES

Tel est le plan d'organisation et d'aménagement de nos nouvelles possessions, que nous avons élaboré avec le concours d'un certain nombre de membres du parlement, de présidents de nos principales chambres de commerce et de représentants de la haute banque, et que, tous d'accord, nous présentons, avec confiance, dans un but essentiellement patriotique, en dehors de tout esprit de parti, au jugement des Chambres et du pays tout entier, comme la meilleure solution de cette question aussi complexe que redoutable. Nous demandons qu'il soit examiné sérieusement par le gouvernement, et qu'il soit mis à exécution avec les modifications qu'on jugera nécessaires, aussitôt que, par un dernier et suprême effort, l'Annam et le Tonkin auront été pacifiés.

Le pays qui vient de se prononcer a condamné à tout jamais la politique d'hésitation, et d'expédients qui a été suivie jusqu'à ce jour dans l'Indo-Chine et attend de ses nouveaux mandataires une ligne de conduite nette et ferme.

Abandonner nos nouvelles possessions, comme quelques Français, qui, tout en aimant leur pays, n'ont pas assez approfondi la question, ont cru devoir le proposer durant la période électorale, n'est pas possible. Évacuer l'Annam et le Tonkin (et inévitablement plus tard la Cochinchine) que nos soldats ont arrosés de leur sang, et dont un traité chèrement acheté nous reconnaît la possession, sans essayer d'en tirer parti, au moment où nous sommes sur le point de recueillir le fruit de tant de sacrifices d'hommes et d'argent, serait non seulement un coup fatal porté à nos intérêts politiques, religieux, commerciaux et industriels dans l'Extrême-Orient, mais une atteinte à la dignité nationale, à l'honneur de notre drapeau, à toutes nos traditions, au beau renom de philanthropie dont la France a joui jusqu'à présent dans le monde entier. — Ce serait l'aveu de notre impuissance, la proclamation de notre décadence. Le gouvernement débile qui aurait laissé s'accomplir une telle honte nationale encourrait une terrible responsablilté, aussi bien que ceux qui l'y auraient poussé, en prétendant que telle est la volonté du pays manifestée aux dernières élections. Non, le pays n'a point demandé à ses nouveaux mandataires, le déshonneur de la France et la mutilation du territoire national. Ce qu'il veut, c'est qu'au lieu de se disputer le pouvoir, ils s'occupent de ses intérêts en souffrance, rien que de ses intérêts.

« Nous ne saurions songer à abandonner le Tonkin : ce serait une défaillance plus préjudiciable à notre honneur que les désastres de 1870-1871. Dans la guerre allemande, nous avons eu à lutter contre la plus grande puissance militaire du globe et nous n'avons fait la paix qu'après avoir épuisé tous les moyens de défense. Si nous nous retirions devant de misérables Asiatiques sans armée, sans finances, sans administration, nous perdrions à jamais toute influence en Extrême-Orient, et le mieux serait d'abandonner nos autres possessions d'outre-mer puisque le courage et l'énergie de les défendre nous feraient défaut. » (Le Myre de Vilers.)

Nous aurions la douleur profonde, de voir dans peu de temps la place prise, dans ces contrées, par un rival, qui, escomptant nos fautes, avance lui, sans rien craindre, de manière à être prêt à sai-

sir cette proie qu'il espère que nous lâcherons. — Mais cette humiliation ne serait rien à côté des conséquences plus graves qui résulteraient de cet acte de faiblesse. — Notre départ serait suivi,
soyons-en bien convaincus, du massacre général de tous nos partisans, qui ont servi la cause française à quelque degré que ce soit,
et parmi lesquels l'église catholique compte plus de six cent mille
fidèles, autant que dans toute la Chine, que nos courageux
apôtres de la foi, ont arrachés aux ténèbres du paganisme, après
trois siècles d'évangélisation, et en payant du sang d'un grand
nombre d'entre eux, cette abondante moisson. — Ce serait la
tuerie en masse de tous les dignes et honorables chefs de cette
« belle clientèle catholique », que Gambetta, qu'on ne peut suspecter de cléricalisme, mais qui avait dans son cœur le culte de la
grandeur de la France, se faisait une gloire de défendre contre les
ennemis de Dieu et de toute religion. — Il n'est aucun Français, à
quelque parti qu'il appartienne, pourvu qu'il ait conservé quelque
sentiment d'humanité, qui puisse envisager de sang-froid cette catastrophe dont notre honneur ne se relèverait jamais. — Cette fois,
on pourrait dire que le fleuve Rouge mérite son nom. Il serait
rougi du sang de centaines, de milliers d'hommes, dont le seul
crime aurait été d'avoir aimé la France et d'avoir cru à sa parole
et à sa protection.

Ce n'est pas tout, si nous évacuons nos nouvelles possessions,
que deviendront les douze ou quinze mille Français qui reposent
sur cette terre lointaine? Leurs sépultures seraient profanées, leurs
tombes ouvertes, leurs ossements jetés au vent. — Ce serait le
triomphe de la barbarie sur la civilisation, accomplie par la faute
de la France, qui, du jour où elle ne serait plus capable de faire
respecter les restes de ses enfants morts pour la patrie, ne serait
plus digne de figurer sur la carte des nations.

Pour toutes ces raisons, l'abandon de nos possessions nouvelles
n'est pas possible, pas plus que l'occupation restreinte du delta que
préconisent quelques esprits timorés, partisans des demi-mesures
qui nous ont déjà coûté si cher.

« Pour assurer la sécurité des plaines fertiles, il faut être maître
des contrées sauvages qui les dominent[1], autrement les vagabonds y
trouveront un refuge et, par des incursions continuelles, troublent
les populations paisibles et les empêchent de travailler. Nous
aurions beau multiplier les forteresses et les blockaus, nous ne
parviendrions pas à empêcher les pirates de franchir nos frontières. Tous les peuples ont été obligés de se conformer à cette
nécessité. En Algérie, nous voulions limiter notre occupation à la
plaine de la Mitidja, et nous ne sommes pas parvenus à arrêter les
Hadjoutes. Successivement nous avons été amenés à nous emparer du Sahel, des hauts plateaux, de la Kabylie ; aujourd'hui, nous

---

[1] Le Myre de Vilers : l'expédition du Tonkin (*Nouvelle Revue*).

sommes dans le M'zab. Les Russes après avoir conquis le Turkestan et Mery continuent leur marche vers le Sud. Les Anglais ne peuvent s'arrêter, ils ont pris l'Afghanistan et le Zululand. La République Argentine n'est parvenue à arrêter les incursions des Indiens qu'en construisant un fossé garni de fortins. Le même fait se reproduit à toutes les époques. Si nous ne tenions pas compte de cette loi, nous ne fonderions rien de durable dans le Delta ; et, après avoir perdu beaucoup de temps et d'argent, nous serions obligés d'occuper le haut Song-koï au risque d'un nouveau conflit. »

« L'occupation restreinte du Delta n'est pas discutable ; avec ses vastes plaines à riz, sa population dense, le bas pays n'offre pas un brillant avenir à la colonisation. Le Tonkin vaut surtout par les débouchés qu'il a avec la Chine, par l'exploitation intelligente de toute une région qui a été autrefois un centre de productions minières et forestières. Nous résoudre à rester dans le Delta, c'est avouer notre impuissance, laisser entre nous et le Céleste-Empire, un pays abandonné à des bandes qui nous susciteront tant d'embarras que nous serons en guerre perpétuelle à la frontière des territoires que nous occupons : donc des charges certaines sans compensation aucune. »

« Le Tonkin, l'Annam et la Cochinchine forment un tout et la preuve en est dans les événements récents. Le traité de Tien-tsin a consacré nos droits sur ces pays, il nous reste à les pacifier ; c'est autant par une bonne administration que *manu militari* que nous y parviendrons. »

Nous ajouterons que nous ne pouvons pas nous limiter à l'occupation restreinte du Tonkin, parce que ce serait renoncer à tout un pays de plus de trois millions d'âmes, riche en mines et en forêts ; parce que nous ne pouvons avoir en face de nous un foyer perpétuel d'agitation, que nous devons être aux portes de la Chine pour surveiller ses agissements, enfin, parce que, si nous n'avons pas en nos mains cette voie commerciale du Yun-nan que les Anglais cherchent à accaparer au prix de tant d'efforts, nous condamnons d'avance notre œuvre à l'impuissance et à la stérilité.

Le gouvernement a déclaré au parlement que son plan serait de compléter la formation des troupes indigènes destinées à fournir la garnison frontière, que ces troupes qui seraient, dit-on, de 30,000 hommes, moitié annamites, moitié tonkinoises, seraient payées, les premières par le roi d'Annam, les autres temporairement par la France, et que les résultats qu'il est permis d'espérer du protectorat permettront de réduire notablement le corps d'occupation au printemps prochain. — Il est dit autre part que le cabinet ne saurait se prêter à une politique d'abandon — et il n'est

---

[1] Extrait du *Temps*, 26 octobre 1885.

nullement question de limiter notre occupation au Delta. — Cette déclaration est patriotique et sage.

Il faut laisser au commandant en chef de notre corps expéditionnaire pleine liberté d'action et lui donner les forces qu'il demandera, s'il le juge nécessaire, pour pacifier le pays et en finir d'une manière ou d'une autre avec les Pavillons-Noirs. — Il dispose dans ce moment d'environ 28,000 hommes de troupes européennes et de 7,000 tirailleurs indigènes qui ne sont malheureusement que des vagabonds étrangers à toute collectivité et disposés à s'enfuir à la première occasion. — En admettant qu'on comble rapidement les vides, si on ne l'a pas fait encore, occasionnés par les maladies et par le rapatriement des hommes congédiés, le général de Courcy aura donc bientôt sous ses ordres une armée de 33,000 hommes. Peut-il avec cette armée garder la Cochinchine et le Cambodge, soumettre les rebelles et occuper les points stratégiques de la frontière orientale de l'Annam, pacifier le Delta et opérer contre les Pavillons-Noirs ? Nous croyons que cette force est parfaitement suffisante. — Les rebelles de l'Annam peuvent être isolés et coupés de toute communication avec le Tonkin et la Cochinchine. — Ils seraient donc facilement réduits à l'obéissance, si l'on ajoute la diplomatie à la force. — L'œuvre de la pacification du Delta, d'après les dernières nouvelles, est en bonne voie, seulement il faudrait en même temps organiser le pays.

La plus grande difficulté est dans le nord-ouest du Tonkin. Là d'abord on se trouve en présence d'un certain inconnu. Quelle est la force des Pavillons-Noirs et des bandes qui marchent avec eux? Le *Chun-pao,* organe chinois publié à Chang-haï a bien donné, en 1884, quelques renseignements sur les Pavillons-Noirs et leur chef Lieou-yuen-fou, mais ils proviennent d'une source qui ne permet pas de leur ajouter la moindre confiance. « Ainsi, d'après ce journal, ils occuperaient une surface de terrain qui serait de plus de 700 *li* ou de 70 lieues, de l'est à l'ouest, dans une région des plus accidentées : région de montagnes, couverte de forêts, de jungles, coupée de ravins profonds et infestée de tigres et de loups.

» Le nombre des Pavillons-Noirs serait de 80,000, celui des Pavillons-Jaunes 60,000 et les Pavillons-Blancs 30,000, ce qui, avec 20,000 indigènes constituerait une population de 200,000 âmes, hommes, femmes et enfants. Leur ville centrale serait Tien-toutchuen ou Tong-yen. La route qui y conduit est des plus accidentées. Elle franchit plusieurs chaînes de montagnes. Avant la guerre actuelle, il se faisait dans ces régions un grand commerce de riz et de grains que l'on dirigeait sur Canton. Actuellement, l'exportation est prohibée et les récoltes emmagasinées dans le pays en vue d'éventualités possibles. La guerre qui est engagée dans le Delta n'a du reste en rien dérangé le mouvement qui se fait d'ordinaire dans le cours supérieur du Song-koï. »

Ces renseignements , d'une exagération ridicule quant au nombre, semblent indiquer que les Pavillons - Noirs sont établis dans une partie du Tonkin qui doit être la région comprise entre les lacs Babé à l'est, Lao-Kai à l'ouest, Kai-hoa au nord et au centre de laquelle se trouve Ho-yang, sur la rivière Claire, ancienne résidence des Pavillons - Jaunes. Tuyen - Kuan semble être également près de cette région. Si ce fait est vrai, c'est évidemment une expédition sérieuse à faire, dans un pays d'un accès difficile, sans ressources, exigeant pour la marche d'une armée de nombreux impedimenta et qui, une fois conquis, nécessiterait, pour le garder, des forces plus considérables que celles du corps expéditionnaire. Il faudrait, avant, organiser l'armée indigène, ce qui ne peut avoir lieu que lorsque le Delta sera pacifié. — Nous trouverons peut-être alors un plus grand nombre de partisans honnêtes qui, ne doutant plus de notre protection, consentiront à servir sous notre drapeau. Pendant ce temps nous pourrions essayer de négocier avec les Pavillons-Noirs, acheter leurs chefs, suivant la coutume chinoise, en les payant largement et en leur faisant comprendre qu'ils ont tout intérêt à accepter nos propositions. S'ils sont établis réellement avec leurs familles dans cette partie du Tonkin, ils ne doivent pas tenir à s'en voir chassés tôt ou tard par la force et refoulés dans le Yun-nan ou le Kouang-si, où ils seraient exposés à mourir de faim ou à être exterminés par les mandarins chinois peu satisfaits d'avoir sous leurs ordres des aventuriers aussi dangereux. Si, d'un autre côté, ce sont des bandes sans cohésion qui ont vécu jusqu'à ce jour du fruit de leurs rapines dans le Tonkin, soudoyées tantôt par le roi d'Annam, tantôt par la Chine, il est probable que le roi d'Annam, dont nous tiendrons le trésor dans nos mains, et que le gouvernement chinois qui, nous en sommes convaincu, n'a nullement l'intention de recommencer la lutte qui, du reste, n'est pas assez riche pour garder à sa solde ces anciens rebelles, dont il a tout à craindre à un moment donné, ne seront pas disposés à leur fournir l'argent et les munitions dont ils auront besoin ; d'autre part, ne pouvant plus vivre sur le Tonkin, ils préféreront sans doute accepter nos conditions et, d'ennemis, devenir nos auxiliaires. Maintenant, si, au pis-aller, nous n'obtenons rien par cette voie, l'armée indigène, une fois organisée, nous aurons le temps, puisque nous avons encore cinq mois devant nous, d'aviser au parti que nous devrons prendre.

En attendant nous pourrons organiser rapidement l'armée coloniale européenne dont nous avons parlé et, aussitôt qu'elle sera prête, l'envoyer dans l'Indo-Chine pour relever une partie du corps expéditionnaire dont le restant rentrera dès que le pays sera pacifié et mis en état de défense. Nous n'aurons plus alors qu'à poursuivre avec persévérance notre grande œuvre qui, dans les conditions que nous avons indiquées, nous permettra sans rien coûter de plus à la France, ni en hommes, ni en argent, de compenser les sacrifices que nous avons faits, tandis que si nous persistons dans nos anciens errements, ce sont des centaines de millions de francs et des milliers de vies que nous gaspillerons, pour n'aboutir qu'à l'épuisement et à l'affaiblissement de la France.

Un dernier mot. Le plan que nous soumettons aujourd'hui au pays, avec ses erreurs et ses imperfections qu'il sera facile de corriger, ne date pas d'hier. Nous en avons eu la première idée, il y a dix-sept ans, le jour où, sur l'indication des missionnaires du Yunnan, nous avons signalé à M. F. Dupuis, à *Hankeou* (Chine) la navigabilité du fleuve Rouge et que nous avons guidé les pas de cet illustre explorateur, victime jusqu'à présent de son devoir. En 1872, nous disions dans le *Correspondant* : « Nous avons d'immenses intérêts à poursuivre dans l'Indo-Chine ; les négliger serait une faute impardonnable, les abandonner, un suicide. Le Tonkin, avec ses 14 millions d'habitants, ses ressources agricoles, minières et forestières, avec sa grande artère fluviale qui communique avec la Chine est le meilleur débouché que nous puissions trouver pour les produits de notre industrie et le placement de nos capitaux improductifs. Seulement pour réussir il faudra avant tout de l'argent et un bon système de colonisation ; c'est-à-dire former une grande Compagnie et appliquer en même temps les moyens rationnels et pratiques qui nous sont enseignés par nos maîtres en colonisation. »

Le 27 septembre 1873, nous écrivions à M. le Directeur des chambres syndicales de Paris : « Voilà plus de douze ans que nous nous efforçons de faire progresser notre commerce dans l'Extrême-Orient et de faire ressortir l'immense utilité qu'il y aurait pour la France, à relier nos possessions de l'Indo-Chine avec les provinces occidentales de la Chine. Jusqu'à présent le but n'a pas été atteint, mais nous avons confiance dans l'avenir, et tant que nous pourrons parler, écrire et agir, nous plaiderons cette cause à laquelle nous croyons liées la grandeur et la prospérité de notre pays. » Depuis cette époque nous n'avons cessé de travailler à la réussite de cette œuvre nationale, et, lorsqu'il y a trois ans, nous sommes revenu du Centre Amérique, nous espérions, qu'après avoir reçu les félicitations de Gambetta, le gouvernement de la République, tenant compte de notre connaissance de la langue chinoise et de nos études spéciales, nous aurait confié un poste dans cet Extrême-Orient où nous avons passé seize ans de notre existence. Mais loin de là. Nous avons eu la profonde douleur de voir sans raison aucune notre carrière brisée brutalement, indignement et illégalement, puisque nous n'avons pas l'âge pour la retraite, par celui auquel une victime plus illustre, avant de mourir, a imprimé au front un stigmate ineffaçable.

Notre crime, aux yeux de M. Ferry, a été d'avoir toujours aimé et servi notre pays, sans nous occuper de politique, et de lui avoir dit la vérité quand il nous l'a demandée. Nous ne pouvons donc plus songer comme diplomate, à l'Extrême-Orient. mais nous n'en poursuivrons pas moins notre œuvre avec toute l'indépendance dont nous jouissons actuellement.

Armé de la foi qui soulève les montagnes, nous combattrons jusqu'au bout pour cette grande cause de notre commerce et de notre industrie, et comme cette cause est juste, que l'avenir de notre pays en dépend, nous sommes convaincu qu'elle triomphera tôt ou tard. Notre rêve alors sera réalisé et nous aurons la satisfaction d'avoir fait notre devoir. — Fais ce que dois ; advienne que pourra.

FIN.